# Kobe Bryant

*La maravillosa historia de Kobe Bryant, ¡uno de los jugadores más increíbles del baloncesto!*

# Contenido

Introducción ................................................................. 1

Capítulo 1: Los primeros años ................................................ 2

Capítulo 2: Directo a los profesionales ..................................... 7

Capítulo 3: Kobe, Shaq, y la dinastía de los Lakers ................... 15

Capítulo 4: Las luchas personales de Kobe............................ 22

Capítulo 5: El camino a la redención...................................... 32

Capítulo 6: De vuelta a la cima................................................40

Capítulo 7: Los últimos años .................................................46

Conclusión ..............................................................................51

# Introducción

¡Enhorabuena por haber elegido este libro, que documenta la vida y la carrera de Kobe Bryant! ¿Está interesado en saber más sobre los comienzos, la carrera, los hitos y los planes de futuro de uno de los baluartes del baloncesto profesional? En este libro, vamos a explorar dónde creció Bryant, cómo era de niño, cómo fue su carrera en la NBA y su situación actual.

A pesar de que han pasado algunos años desde que Bryant se retiró del juego del baloncesto, continúa siendo un verdadero campeón en el deporte y en la cultura popular, y su nombre ha inspirado a toda una nueva generación de estrellas en ascenso de la NBA que están siguiendo sus pasos. Puede que Bryant se haya retirado del baloncesto profesional, pero su influencia continúa impregnando todas y cada una de las esquinas de la liga e incluso más allá debido a su participación activa en varias causas.

Una vez más, gracias por elegir este libro, ¡y que la exploración de la prolífica vida y carrera de Kobe Bryant sirva de inspiración y esperanza para sus propios sueños en la vida!

# Capítulo 1: Los primeros años

Kobe Bean Bryant nació el 23 de agosto de 1978 en la ciudad en la que residía una pareja de enamorados: Filadelfia, Pensilvania, Joe Bryant (un ex jugador de la NBA que jugó para los Philadelphia 76ers, San Diego Clippers y para los Houston Rockets durante su carrera) y Pamela Cox Bryant, la hermana del ex jugador de la NBA Chubby Cox. El nombre de Kobe se debe al popular filete de carne de Japón (kobe beef steak), que sus padres vieron en el menú de un restaurante muy poco antes del nacimiento de Kobe. Su segundo nombre, por su parte, se refiere al apodo de su padre como jugador profesional de la NBA, "Jelly Bean".

Kobe conoció el mundo del baloncesto profesional a una edad muy temprana gracias a que sus dos padres estaban profundamente vinculados a este deporte. A los tres años, Kobe ya jugaba al baloncesto, y siempre veía videos de partidos de baloncesto que le enviaba su abuelo. Kobe era un fanático de los Lakers de Los Ángeles mientras crecía.

El joven Bryant también se familiarizó con diferentes culturas cuando era niño, especialmente cuando su padre trasladó a toda la familia a Italia en 1983. Joe Bryant fue seleccionado para jugar en varios clubes de baloncesto de la Liga Italiana A1 y la Liga Italiana A2, como AMG Sebastiani Rieti, Oistoia, Viola Reggio Calabria y Reggio Emilia.

Kobe aprendió fútbol, que es un deporte popular en Europa, e incluso se hizo fan del equipo del Milán. Pero el baloncesto estaba profundamente arraigado en su sistema, y durante el verano, Kobe volvería a los Estados Unidos para participar en una liga de verano de baloncesto para jóvenes. Durante su estancia en Italia, Kobe también aprendió a hablar italiano con fluidez y absorbió muy bien la cultura italiana.

Cuando Joe Bryant se retiró del baloncesto profesional en 1991, la familia volvió a los Estados Unidos. Kobe asistió a la escuela secundaria Lower Merion, en el distrito escolar Lower Merion del suburbio Ardmore de Filadelfia. Otros ex alumnos destacados de la Lower Merion High School son Billy Aronson, el famoso dramaturgo que está detrás del musical Rent; Tommy Conwell, el cantante y guitarrista de The Young Rumblers; Gerald M. Levin, ex director ejecutivo de Time-Warner; y los jugadores de baloncesto profesionales Al Bonniwell y Jim Brogan.

El joven Bryant contaba con mucha práctica y experiencia en torneos de baloncesto, y se mantuvo preparado corriendo todos los días hasta el parque Wynnewood, que estaba junto a su casa, donde practicaba sus saltos y sus estiramientos durante horas. Como consecuencia, tenía mucha habilidad, incluso como novato, y se convirtió en uno de los primeros novatos en comenzar en el equipo universitario de los Ases del Bajo Merion después de varias décadas.

El entrenador de baloncesto de la escuela secundaria de Kobe, Gregg Downer, declaró una vez al SportsCentury de ESPN que después de invitar a Kobe a jugar contra el equipo universitario de la escuela y verlo jugar durante solo cinco minutos, todo lo que pudo decir a sus entrenadores asistentes fue: "Este chico es un profesional".

Los Lower Merion Aces pasaron de ser un equipo inferior a ser un monstruo en los años en que Kobe jugó. Aunque el equipo solo pudo conseguir un récord de 4-20 en su primer año, los Aces de Kobe le dieron la vuelta en los tres años siguientes con un récord de 77-13. Los Aces se hicieron famosos por ganar la mayoría de sus partidos con un margen muy grande. En su año juvenil, Kobe jugaba en las cinco posiciones y promediaba 31,1 puntos, 10,4 rebotes y 5,2 asistencias para Lower Merion. Fue galardonado con el premio al Jugador del Año de Pennsylvania y pronto llamó la atención de reclutadores universitarios de Michigan, Duke, Villanova y Carolina del Norte, entre otros.

En su último año, promedió 30,8 puntos, 12 rebotes, 4 robos, 6,5 rebotes y 3,8 bloqueos por partido, llevando a la escuela a un récord de 31-3 y al campeonato de la Clase AAAA, su primer título estatal en cinco décadas. La actuación estelar durante su último año le valió a Kobe varios reconocimientos, como el de Jugador del Año de la Escuela Secundaria Naismith, Jugador Nacional de Baloncesto Masculino del Año de Gatorade, e integraciones en el primer equipo de McDonald's All-American y USA Today All-USA. Al final de su carrera en la escuela secundaria, Kobe se convirtió en el máximo anotador de todos los tiempos del sudeste de Pensilvania con 2.883 puntos, superando a Wilt Chamberlain y Lionel Simmons.

Con la atención de las ofertas de reclutamiento de las universidades de todo Estados Unidos, Kobe se enfrentó a una gran decisión antes de su graduación de la escuela secundaria. ¿Jugaría al baloncesto universitario? Y si lo hiciera, ¿a dónde llevaría sus habilidades? La estrella en ascenso tenía un puntaje en el SAT de 1080 y habilidades estelares en el baloncesto que casi le garantizaban la entrada a cualquier universidad que eligiera. Pero Kobe nunca visitó oficialmente ningún campus universitario, y pronto se hizo evidente que ya había tomado una decisión sobre su futuro.

## **Resumen del capítulo**

• Kobe Bean Bryant es originario de Filadelfia, Pensilvania, donde nació el 23 de agosto de 1978.

• El padre de Kobe, Joe Bryant, jugó anteriormente en la NBA en varios equipos y también en varios clubes de baloncesto italianos.

• Kobe pasó algunos años de su infancia en Italia. Habla italiano con total fluidez.

- Desde su infancia, Kobe demostró unas habilidades extraordinarias en el baloncesto y se unió a los torneos de verano.

- En la escuela secundaria, Kobe jugó para la escuela secundaria Lower Merion. Como estudiante de primer año, estuvo en el equipo titular.

- Kobe llevó a la escuela a la cima de la clasificación, eventualmente llevando a los Aces a su primer título estatal en más de cincuenta años.

- Con numerosos premios en su haber, Kobe recibió ofertas de becas de grandes universidades de los Estados Unidos, incluyendo Villanova, Carolina del Norte, Duke y Michigan.

## Capítulo 2: Directo a los profesionales

Como jugador estrella de los Lower Merion Aces, las destacadas habilidades de Kobe Bryant en el baloncesto ya eran evidentes. Su entrenador de secundaria, Gregg Downer, lo describió como "un completo jugador que domina". Desde el fondo de la clasificación, Kobe llevó a los Aces al campeonato estatal en 1996, su último año.

Kobe regresa a ese momento como el más memorable de su histórica carrera en el instituto. "El instituto no había ganado en más de 50 años. Así que fue grande, realmente grande, especialmente al pasar de 4-20 en mi primer año a ganar el título estatal."

En su último año de instituto, Kobe promedió 30,8 puntos, 12 rebotes, 6,5 asistencias y 3,8 bloqueos por partido. Con una altura de 6'6 y un peso de 190 libras, dominaba a sus oponentes y mejoraba sus habilidades. A pesar de ser por naturaleza bueno en el juego, tenía una ética de trabajo y una dedicación a la práctica apreciada tanto por los entrenadores como por los compañeros de equipo. Downer, en particular, recuerda cómo Bryant, a pesar de ser el mejor jugador del equipo universitario de la escuela secundaria, ganaba los sprints, practicaba incluso con mal tiempo, se quedaba después de los entrenamientos y continuaba trabajando en sus tiros, levantaba pesas hasta seis días a la semana, demostrando así cuánto quería triunfar.

"Eso es contagioso. Y eso me facilitó el trabajo. Hay muchos chicos con talento que no tienen esa ética de trabajo. Él tenía una de las mejores éticas de trabajo que cualquiera en cualquier deporte jamás haya tenido", comentó Downer.

El entrenador tiene muchas historias sobre el tiempo que Kobe pasó en Lower Merion, incluyendo un caso en el que se enfadó con un compañero de equipo en el pasillo de la escuela porque éste no le dio a Kobe el último disparo durante la eliminatoria del equipo. Otra anécdota es la de Kobe rompiéndose la nariz después de zambullirse en busca de un balón suelto durante los entrenamientos, y el entrenador Downer tuvo que buscar una máscara protectora que no afectara la línea de visión de Kobe. Durante el siguiente discurso previo al juego, Kobe se arrancó la máscara protectora, la lanzó contra una pared y gritó: "¡Vamos a la guerra!"

Esa noche, Kobe anotaría 39 puntos, y los Aces ganaron en la prórroga sobre su archirrival, Chester. Incluso entonces, Downer reconoció que Kobe era un talento de la generación, el tipo de jugador que solo entrenas, o esperas entrenar, una vez en tu vida. "Quería que fuera el mejor jugador posible", dijo Downer.

Universidades de todo el país estaban persiguiendo a Kobe, y se dice que en un momento dado, él repartía cartas de aceptación a sus amigos de la escuela debido a que estaba recibiendo muchas. Pero a medida que su último año llegaba a su fin, empezó a circular la noticia de que estaba pensando en seguir el mismo camino que Kevin Garnett había tomado un año antes: saltarse la universidad por completo y dirigirse directamente a la NBA.

En ese momento, los jugadores que pasaron directamente de la escuela secundaria al baloncesto profesional eran la excepción. En la historia de la NBA, únicamente seis jugadores habían hecho esto antes de Kobe. Garnett había tomado la decisión un año antes, pero fue el primer jugador en más de dos décadas en ir directamente a las ligas profesionales después del instituto. La liga prefería a los jugadores que primero hayan jugado a nivel universitario, e incluso hoy en día, los jugadores de la preparación profesional son más la excepción, especialmente después de que la liga prohibió que los jugadores de la escuela secundaria fueran reclutados a partir de 2006. Muchos consideraron que la práctica era impropia, pues consideraban que los graduados de la escuela secundaria no estaban preparados ni física ni emocionalmente para los desafíos de jugar en el nivel profesional, y mucho menos en la NBA.

Sin embargo, Kobe estaba decidido a ir directamente a la NBA, y en una conferencia de prensa ante más de 400 personas y los medios de comunicación nacionales, anunció: "He decidido no ir a la universidad y llevar mis talentos a la NBA".

En el reclutamiento de la NBA de 1996, Kobe fue seleccionado en el 13º puesto general por los Charlotte Hornets, pero fue intercambiado antes de que comenzara la temporada. Pronto se encontró jugando para un equipo que había seguido durante toda su infancia - Los Angeles Lakers.

Fue una época de recuperación en la organización de los Lakers bajo el manto del entonces ejecutivo de los Lakers, Jerry West. West estaba buscando un regreso a la gloria para la histórica franquicia de los Lakers, y el equipo estaba buscando posibles adquisiciones lucrativas. Después de que Kobe fuera elegido por Charlotte, fue inmediatamente intercambiado con los Lakers a cambio de su centro, Vlade Divac. El intercambio también dio a los Lakers espacio para contratar a Shaquille O'Neal. Estas dos adquisiciones clave allanarían el camino para un resurgimiento de los Lakers.

El principal explorador de los Hornets, Bill Branch, revelaría más tarde que los Hornets habían acordado intercambiar su selección de reclutamiento con los Lakers antes del reclutamiento, y que los Lakers indicaron unos minutos antes de la selección a quiénes debían elegir los Hornets. Incluso antes de la selección, Kobe había trabajado unas cuantas veces con los Lakers y fue considerado en disputas por West y otros antiguos Lakers.

El debut de Kobe con los Lakers de Los Ángeles fue en la Liga Profesional de Verano celebrada en Long Beach, California. En su debut, Kobe anotó 25 puntos y fue complicado para los defensas. Tras cuatro partidos en la liga de verano, Kobe promedia 24,5 puntos y 5,3 rebotes. Durante la temporada regular de la NBA, Kobe salió del banquillo después de Eddie Jones y Nick Van Exel, y solo tuvo un tiempo de juego limitado al principio, pero a medida que fue avanzando la temporada regular, su tiempo de juego fue aumentando cada vez más. Al final de la temporada 1996-97, el novato promediaba 15,5 minutos por partido, y se convirtió en el titular más joven de la NBA de la historia.

Los aficionados vieron más de Kobe durante el All-Star Weekend, donde Kobe se unió al Rookie Challenge y se convirtió en el campeón del Slam Dunk Contest de 1997, y también en el ganador más joven de esa competición. Kobe fue parte del segundo equipo de novatos de la NBA del año, junto con su compañero Laker Travis Knight.

En los playoffs, los Lakers llegaron a las semifinales de la Conferencia Oeste contra los Utah Jazz. A pesar de ser un novato, Kobe se encontró jugando un papel crucial hacia el final del quinto juego de la serie, ya que Byron Scott se torció la muñeca y no pudo jugar, mientras que Robert Horry fue expulsado y Shaquille O'Neal fue penalizado. En los dos últimos minutos, Kobe necesitó tomar la delantera, pero disparó cuatro bolas de aire, permitiendo a los Jazz ganar en la prórroga, 98-93 y terminar la serie 4-1. A pesar de las oportunidades perdidas, su compañero de equipo O'Neal remarcó que Kobe fue el único Laker que tuvo las agallas de hacer esos tiros en ese momento.

En su segunda temporada en la NBA, Kobe vio más tiempo de juego para los Lakers y se convirtió en un mejor defensa. Sus promedios de la temporada se duplicaron a 15,4 puntos por partido, y en lugar de salir del banquillo, Kobe pronto jugó de delantero menor junto a los laterales que solía reemplazar en el pasado. En la temporada 1997-98 Kobe fue subcampeón del Sexto Premio al Hombre del Año de la NBA, y también fue seleccionado por los aficionados para formar parte de los equipos de estrellas de la NBA, convirtiéndose en el titular más joven de la historia. Ese partido de las estrellas también vio a Kobe jugar junto a sus compañeros de los Lakers Van Exel, O'Neal y Jones.

La temporada 1998-99 de la NBA se redujo debido al lockout, pero una vez que el impasse terminó y la prolongada temporada de 50 partidos se puso en marcha, Kobe se elevó a la prominencia como el mejor defensor inicial de los Lakers. Como Jones y Van Exel fueron intercambiados por los Lakers, Kobe se convirtió en el defensor inicial durante la temporada regular. Firmó una prórroga del contrato de 6 años y 70 millones de dólares con los Lakers, asegurándose de que permanecería en el club durante la temporada 2003-04.

Al notar las habilidades de Bryant, muchos analistas y escritores deportivos no tardaron en compararlo con otros jugadores legendarios, como Magic Johnson y Michael Jordan. Marc Ecko, de Complex.com, describió a Kobe como "un regreso a la generación que murió con Jordan, y está viviendo a la altura de eso más que cualquier otro jugador en este momento". Mientras tanto, Ian Thomsen de Sports Illustrated escribió en un reportaje del 27 de abril de 1998 que la NBA y su socio de la cadena de televisión NBC hicieron de Kobe casi un antijordano.

Durante los playoffs de la temporada reducida, los Lakers llegaron una vez más a las semifinales de la Conferencia Oeste contra los San Antonio Spurs. Sin embargo, los Lakers no fueron rival para los Spurs, y fueron barridos en la serie. Los Spurs llegarían a las finales de la NBA contra los Knicks de Nueva York y ganarían el campeonato.

Un gran cambio estaba a la vuelta de la esquina para los Lakers. Muchos vieron el potencial y el talento que los Lakers ya tenían, pero el equipo necesitaba una pieza más del puzzle para convertirse en un aspirante al campeonato. Eso llegaría en 1999, cuando Phil Jackson se convirtió en el entrenador de los Lakers de Los Ángeles. Una nueva era comenzaría para la Ciudad de los Ángeles.

## **Resumen del capítulo**

• Incluso como jugador de baloncesto del instituto, Kobe ya destacaba, y su entrenador lo describió como un "jugador completo".

• A pesar de ser el mejor jugador del equipo de su escuela secundaria, Kobe era muy constante en los entrenamientos, se quedaba después de la escuela y trabajaba en sus movimientos, e incluso se presentaba a pesar del mal tiempo.

• Tanto los entrenadores como los compañeros de equipo percibieron la pasión de Kobe por el juego y su dedicación para convertirse en el mejor jugador posible.

• A medida que se convirtió en un popular atleta de secundaria, llegaron ofertas de diferentes colegios y universidades. Kobe nunca mostró un interés serio en ninguna de ellas.

• Después de su graduación de la escuela secundaria, Kobe anunció que iba directamente a la NBA. Kobe fue seleccionado en el 13º lugar por los Charlotte Hornets, y luego se cambió a Los Angeles Lakers.

• En sus años de novato y de estudiante de segundo año, Kobe tenía minutos limitados al principio, pero pronto se hizo famoso por sus habilidades y su estilo de juego.

• Cuando los Lakers cambiaron a la defensa Nick Van Exel y Eddie Jones, Kobe se convirtió en el defensa titular en su tercer año en la NBA.

• Kobe se convirtió en el favorito de los fans, fue votado en las selecciones de estrellas de la NBA y fue comparado frecuentemente con Michael Jordan y Magic Johnson. Sin embargo, el campeonato de la NBA todavía esquivaba a los Lakers hasta este punto.

## Capítulo 3: Kobe, Shaq, y la dinastía de los Lakers

Era el año 1999, y los Lakers de Los Ángeles contaban con un equipo fuerte y de alto calibre dirigido por Kobe Bryant y Shaquille O'Neal, respaldado por Derek Fisher, Rick Fox, Glen Rice, Robert Horry, A.C. Green, y otros profesionales de confianza. Mientras tanto, el ex entrenador de los Chicago Bulls, Phil Jackson, se había tomado un año libre de su trabajo como entrenador y estaba sintiendo la necesidad de ser mentor de un equipo una vez más. El trato se concretó y Jackson asumió las responsabilidades de entrenador titular de los Lakers.

Con el triángulo ofensivo implementado por Jackson, así como su filosofía holística y su enfoque del juego con influencia Zen, Kobe se convirtió en un jugador aún mejor, y los Lakers se convirtieron en fuertes contendientes para el campeonato de la NBA. La combinación de Kobe y Shaq se convirtió en un legendario dúo de defensa central que resultó difícil de derribar para otros equipos de la NBA. Como los Lakers se adaptaron bien al triángulo ofensivo, el equipo se convirtió en un monstruo en la Conferencia Oeste.

La temporada también vio a los Lakers mudarse a su nuevo hogar, el Staples Center en Los Ángeles. Los Lakers ganaron 25 de sus primeros 30 juegos, y registraron 16, 19 y 11 juegos ganados a lo largo de la temporada regular, terminando con el mejor registro en toda la NBA (67-15), y consiguiendo una ventaja en la pista de juego durante los playoffs. Los Lakers derrotaron a los Sacramento Kings, los Phoenix Suns, y los Portland Trail Blazers en camino a la primera aparición de la franquicia en las finales de la NBA desde 1988.

Durante las series de las Finales de la NBA contra los Indiana Pacers, Kobe sufrió una lesión de tobillo a mitad del segundo cuarto del juego 2, perdiéndose el resto del juego, así como el juego 3. Kobe regresó en el cuarto juego y registró 22 puntos en la segunda mitad, llevando a los Lakers a la victoria en la prórroga con O'Neal expulsado. En el sexto juego, Kobe volvió a tener una sólida actuación, y los Lakers ganaron el campeonato.

Este sería el comienzo de una nueva era para los Lakers, con Kobe continuando su mejora en la puntuación y otras áreas del juego. En la temporada regular 2000-2001, Kobe promedió 28,5 puntos y 5 asistencias por partido. Sin embargo, la temporada también vio rupturas en la relación entre Kobe y Shaq. Los dos jugadores titulares llevaban jugando juntos en Los Ángeles desde 1996, pero se dice que tenían feroces diferencias personales y argumentos de larga data sobre sus respectivos papeles en el equipo. Aunque ya existían estas divisiones en los primeros años, el conflicto se acentuó cuando Phil Jackson fue contratado como entrenador de los Lakers.

Jackson había diseñado el triángulo ofensivo de los Lakers para que girara en torno a O'Neal, cuya responsabilidad sería distribuir la posesión del balón y que se esperaba que se nivelara en la defensa, el acondicionamiento y el liderazgo del equipo. Jackson cultivó una relación más estrecha con O'Neal que con Bryant, pensando que era más una necesidad para la personalidad de O'Neal. Durante las finales de la Conferencia Oeste del 2000 contra los Portland Trail Blazers, tanto Bryant como O'Neal tuvieron momentos personales decisivos, así como instancias de trabajo en equipo estelar, y las cosas parecían ir bien. El entrenador asistente Tex Winter comentó que quizás los dos jugadores superestrella estaban aprendiendo a respetarse mutuamente y a respetar sus papeles en el equipo.

Sin embargo, todavía había momentos de conflicto entre los dos, y se dice que O'Neal dijo durante una reunión del equipo que sentía que Kobe estaba "jugando de manera demasiado egoísta". Los informantes también dicen que O'Neal sentía la presión de ser el líder del equipo, y que no le gustaban las elecciones de Bryant en la cancha. Su compañero Laker Ron Harper medió varias veces entre Bryant y O'Neal para tratar de ayudarles a arreglar las cosas.

El entrenador Jackson también trató de mediar, convencido de que Bryant tenía las mejores intenciones en mente. "Kobe no tenía una intención egoísta; solo sentía que la forma en que había estado jugando era la mejor forma en que podía contribuir", según Jackson.

El entrenador asistente Winter, por su parte, dijo que ya había sentido la indiferencia de O'Neal hacia Bryant desde el principio, y lo describió como "mucho odio". Sin embargo, según Winter, Kobe fue capaz de dejarlo de lado y seguir jugando, aunque O'Neal expresaba rutinariamente a la dirección de los Lakers sus sentimientos hacia Kobe e insistía en que no podían ganar un título de la NBA con Kobe en el equipo. También se informa de que O'Neal había predispuesto a muchos de los otros Lakers contra Kobe. Winter y los otros entrenadores estructuraron la ofensiva para que se pudiera lograr una relación de juego más fluida entre Bryant y O'Neal, e incluso crearon un video para mostrarle a O'Neal que Bryant estaba jugando su papel en la ofensiva del triángulo correctamente. No obstante, hizo poco para suavizar las cosas internamente.

A pesar de las diferencias entre Bryant y O'Neal, los Lakers como equipo trabajaron bien juntos bajo la tutela de Jackson. Durante las eliminatorias de 2001, los Lakers derrotaron a los Portland Trail Blazers, los Sacramento Kings y los San Antonio Spurs, barriendo todas sus series y avanzando a las finales de la NBA. Perdieron el primer partido de la serie contra los Philadelphia 76ers, y luego ganaron los siguientes cuatro partidos de las finales, ganando su segundo campeonato consecutivo.

La actuación de Kobe durante los playoffs fue superior, con 29,4 puntos, 7,3 rebotes y 6,1 asistencias de media por partido. Su estilo de baloncesto desinteresado fue notado por el propio O'Neal, quien comentó que Kobe era el mejor jugador de la NBA en ese momento. Bryant llegó al segundo equipo de la NBA y al equipo defensivo de la NBA de ese año, y fue votado como titular en el All-Star Game.

La temporada regular 2001-02 de la NBA vio a Bryant jugar 80 partidos, una primicia en su carrera. Produjo un promedio de 25,2 puntos, 5,5 rebotes, 5,5 asistencias (primero en el equipo), y 46,9% de tiros de campo. Fue nombrado MVP del All-Star por primera vez, a pesar de ser abucheado por los fans de los 76ers en Filadelfia (donde se celebraron las fiestas del All-Star) después de que comentara a un fan de los 76ers que sus Lakers "le iban a arrancar el corazón" en las finales. Los Lakers redondearon la temporada con 58 victorias, detrás de los Sacramento Kings en la División del Pacífico.

Durante los playoffs, los Lakers volvieron a dominar a los Blazers (4-0), y luego a los Spurs (4-1), para llegar a las Finales de la Conferencia Oeste contra los Kings de Sacramento. A pesar de que Sacramento tenía ventaja en la cancha, los Lakers lucharon con uñas y dientes y ganaron la serie de siete juegos para llegar a las finales de la NBA una vez más. En las series de campeonato contra los New Jersey Nets, las estelares actuaciones de Kobe con un promedio de 26,8 puntos, 5,8 rebotes, 5,3 asistencias y 51,4% de lanzamientos de campo fueron decisivas para el tercer título consecutivo de los Lakers en la era de Phil Jackson. El rendimiento constante y fiable de Bryant durante el último cuarto de los partidos de los playoffs le valió especialmente el estatus de "jugador de embrague" de los Lakers.

La temporada regular 2002-03 fue un momento notable de logros personales para Bryant como jugador de la NBA. Produjo un promedio de 30 puntos por partido y tuvo una increíble racha de nueve partidos seguidos anotando al menos 40 puntos. En el mes de febrero de 2003, Bryant promedió 40,6 puntos. También estableció un récord de la NBA por la mayoría de los tiros de tres puntos anotados en un partido, haciendo 12 anotaciones de campo de tres puntos contra los Seattle Supersonics en un partido del 7 de enero de 2003. La Mamba Negra fue de nuevo uno de los favoritos de los aficionados para el All-Star Weekend, y fue votado para el All-NBA y el All-Defensive First Teams.

Los Lakers terminaron la temporada regular con un récord de 50-32. En las eliminatorias de 2003, los Lakers ganaron contra los Minnesota Timberwolves en la primera ronda (4-2), y luego se enfrentaron a la poderosa San Antonio en las semifinales de la conferencia. Esta vez, los Spurs se vengaron de los Lakers en los playoffs, eliminando a los campeones defensores en seis partidos. Los Spurs ganaron el título de la NBA esa temporada.

Una vez terminados los tres partidos, los Lakers se reagruparían para la próxima temporada en un intento de recuperar el título. Pero pronto, Kobe se enfrentaría a otro tipo de batalla, fuera de la cancha, y su propio carácter se vería desafiado.

**Resumen del capítulo**

• Los Lakers de Los Ángeles, un equipo lleno de talento, se convertiría en un formidable club de baloncesto de la NBA en 1999 con la contratación del célebre entrenador Phil Jackson, que anteriormente había entrenado a los Bulls de Chicago.

• Jackson implementó el triángulo ofensivo, que vio aumentar el tiempo de juego de Kobe y sus habilidades como defensa utilizadas en todo su potencial.

• El dúo defensor central de Shaq-Kobe era imparable en la cancha, pero los conflictos entre los dos grandes nombres también llevaron a mucho drama fuera de la cancha.

• Los Lakers se adaptaron bien a la ofensiva del triángulo de Jackson, y Los Ángeles ganó el campeonato de la NBA de 2001, el primero desde 1988.

• Kobe y los Lakers ganarían los dos siguientes campeonatos de la NBA, estableciendo una dinastía de los Lakers.

• A menudo, el conflicto continuaba entre Shaq y Kobe, y los conocedores de la situación decían que Shaq odiaba profundamente a Kobe y sus decisiones en la cancha.

• El triángulo de los Lakers terminaría en las semifinales de la Conferencia Occidental de 2003, ya que los Lakers fueron derrotados por los San Antonio Spurs en la segunda ronda de las eliminatorias.

# Capítulo 4: Las luchas personales de Kobe

Jugar para Los Angeles Lakers, una de las franquicias más valiosas y de más alto perfil de la NBA, y estar cerca de Hollywood y del mundo del espectáculo significó mucha presión mediática alrededor de Kobe Bryant desde el momento en que se unió al equipo. Aún así, se esforzó por mantener la mayor parte de su vida personal lejos del control de los medios de comunicación, aunque esto resultó ser casi imposible debido a su estatus de superestrella en la liga y más allá.

En el otoño de 1999, Bryant, que entonces tenía 21 años, conoció a una hermosa bailarina que se llamaba Vanessa Laine, que aún tenía 17 años y estaba en la escuela secundaria. Congeniaron casi instantáneamente y comenzaron a salir, luego se comprometieron oficialmente en mayo de 2000. Los padres, hermanas, compañeros de equipo y el agente Arn Tellem de Bryant se oponían a la relación, y ninguno de ellos asistió a la boda que se celebró el 18 de abril de 2001 en California. Se informó ampliamente de que los padres de Bryant desaprobaban que Kobe se casara a una edad tan temprana y con una mujer que no fuera afroamericana. Kobe y sus padres permanecieron alejados durante casi dos años, y la relación solo se restableció después del nacimiento del primer hijo de Kobe y Vanessa.

A pesar de la oposición, Kobe y Vanessa estaban decididos a seguir adelante. Un primo de Vanesa reveló una vez que la pareja no tenía ningún acuerdo prenupcial porque Bryant amaba demasiado a Vanesa como para insistir en tal acuerdo. Se mudaron a una casa de 4 millones de dólares de inspiración mediterránea en Newport Beach, California en enero de 2002. Al año siguiente, nació su primera hija, Natalia Diamante Bryant.

Sin embargo, se avecinaban problemas para Kobe, y pronto se enfrentaría a una de sus más duras batallas fuera de la cancha. En julio de 2003, los medios de comunicación de todo el mundo dieron la noticia de que Kobe había sido detenido por el departamento del sheriff de Eagle, Colorado, después de que una empleada de hotel de 19 años presentara una denuncia por agresión sexual. Según el denunciante, Bryant era huésped del Lodge and Spa at Cordillera, situado en Edwards, Colorado, el 30 de junio, y la había agredido sexualmente en su habitación la noche del 1 de julio. Bryant se encontraba en Colorado en ese momento porque estaba previsto que el popular cirujano ortopédico Dr. Richard Steadman le practicara una cirugía de rodilla.

Después de que la denuncia fue presentada, los investigadores del Sheriff del Condado de Eagle hablaron con Bryant el 2 de julio y lo llevaron para interrogarlo. Inicialmente, Bryant negó haber tenido relaciones sexuales con la demandante. Sin embargo, cuando los investigadores le informaron que la empleada había hecho un examen y pudieron obtener evidencia física, incluyendo semen, Bryant cambió su historia, reconociendo que hubo un encuentro sexual consensuado entre los dos.

Los investigadores presionaron a Kobe sobre los moretones encontrados en el cuello de la acusadora, y admitió haberla estrangulado durante su relación sexual porque era un fetiche suyo. También mencionó haber estrangulado a otra pareja sexual además de su esposa. Bryant insistió repetidamente en que las insinuaciones sexuales y el lenguaje corporal de la empleada hacia él le hacían suponer que ella estaba consintiendo el sexo, alegando que le había besado, puesto su mano en su entrepierna y se había inclinado.

Los oficiales recogieron pruebas de Bryant, y la estrella de los Lakers accedió a un test de violación y a una prueba con el detector de mentiras antes de que se le permitiera volar de vuelta a Los Ángeles. Dos días después, el sheriff Joe Hoy emitió la orden de arresto para Kobe. Al enterarse de la orden, Kobe voló de vuelta a Eagle y se entregó a la policía. Luego fue liberado después de pagar una fianza de 25.000 dólares. El 18 de julio, la oficina del fiscal del distrito del condado de Eagle presentó un cargo formal contra Bryant por agresión sexual. El cargo tenía una sentencia máxima de cadena perpetua.

Después de que la acusación fue presentada formalmente a la corte, Bryant apareció en una conferencia de prensa junto a su esposa, Vanessa. La estrella de los Lakers confesó con lágrimas en los medios de comunicación que tuvo un encuentro sexual con la acusadora, pero insistió en que la relación adúltera fue puramente consensual y que no hubo violación ni agresión.

Los amigos de la acusadora, sin embargo, contaron una historia completamente diferente al punto de vista consensual de Kobe. Varios amigos de la mujer que habló con el Denver Post dijeron que les había confiado cómo llevó a la estrella de baloncesto a un tour por el hotel donde se alojaba. Ella estaba de servicio en la recepción del Lodge and Spa en Cordillera el 30 de junio cuando Bryant se registró alrededor de las 10 pm. Los amigos dicen que la joven de 19 años se sintió halagada cuando Bryant le dedicó su atención e incluso le pidió que le mostrara la propiedad, a lo que ella accedió.

La acusadora describió a Kobe a sus amigos como alguien con los pies en la tierra y un gran tipo. Mientras caminaban por la propiedad del hotel, Bryant invitó a la mujer a la habitación donde se alojaba. Inicialmente, ella quiso negarse, pero como, según ella, Bryant no había sido nada más que amable con ella hasta ese momento, ella se sintió segura al entrar en su habitación con él. Una vez en la habitación, le comentó a Bryant que tenía que volver a la recepción porque su turno terminaba a las 11 de la noche, y fue entonces cuando su actitud cambió y la agresión supuestamente ocurrió.

Más o menos a la hora de las acusaciones de agresión sexual contra Bryant, los Lakers añadieron dos grandes jugadores All-

Star a su alineación: Karl Malone y Gary Payton. El equipo estaba empeñado en reclamar el campeonato de la NBA, y la adquisición de Malone y Payton fue parte del esfuerzo. Cuando comenzaron las audiencias del caso de Bryant, Bryant se perdió varios partidos. La ruptura con O'Neal pronto resurgió cuando los problemas legales de Kobe se intensificaron. En varios casos, O'Neal ignoraba a Bryant o insistía en que todo el equipo de los Lakers estaba allí, incluso cuando Bryant estaba visiblemente ausente. Hubo varias peleas verbales entre los dos compañeros, pero O'Neal pronto prometió a Malone y Payton que dejaría su disputa con Bryant a la luz de la acusación de violación que estaba tratando. A cambio, Bryant, que también se estaba recuperando de la cirugía de rodilla y que tuvo que perder varios partidos al principio de la temporada, se sentó junto a O'Neal en un espectáculo de reconciliación.

Durante las audiencias del caso de Kobe, su equipo de defensa se centró en atacar la credibilidad de la acusadora, especialmente cuando se reveló que había llevado otro par de calzoncillos con el vello púbico y el semen de otro hombre el día de su examen de violación. Un detective asignado al caso, Doug Winters, recordó que el par de ropa interior amarilla que la mujer llevaba para el examen contenía vello púbico caucásico y esperma de otro hombre, no de Bryant. Esto fue resaltado por el equipo de defensa de Bryant, insistiendo en que la acusadora bien podría haber tenido sexo con otro hombre después de la supuesta violación. A su vez, la acusadora dijo que había cogido ropa interior sucia del cesto de la ropa el día del examen, y también insistió en que no se había duchado desde la mañana de la supuesta violación hasta el momento del examen de violación.

Otro hecho señalado por el equipo de la defensa de Bryant fue la evidencia de trauma vaginal basada en el examen. Sus abogados afirmaron que este trauma vaginal era consistente con haber tenido relaciones sexuales con más de una pareja en el período de dos días. Sin embargo, los fiscales presentaron pruebas contra Bryant, como una camisa que supuestamente llevaba puesta y que contenía tres pequeñas manchas de sangre de la acusadora. Las pruebas de ADN demostraron que la sangre era de la empleada y que no era sangre menstrual.

También se presentaron testigos de ambos lados. La auditora nocturna del hotel, Trina McKay, testificó que cuando vio a la empleada al terminar su turno y estaba a punto de irse a casa, no notó nada diferente en el comportamiento de la empleada, ni había signos de que algo turbio hubiera ocurrido. Un amigo de la acusadora en la escuela secundaria y también un botones de la propiedad, Bobby Pietrack, mientras tanto, testificó que él vio a la acusadora con aspecto alterado esa noche, y que ella le había admitido que Bryant había tenido sexo forzado con ella esa misma noche.

La inestabilidad mental de la acusadora también fue cuestionada por el equipo de la defensa. El abogado de Bryant citó que la empleada tomaba una droga para la psicosis y estaba siendo tratada por esquizofrenia en el momento de la supuesta agresión. Apenas cuatro meses antes del supuesto incidente, la mujer había sido hospitalizada y calificada como un peligro para ella misma, y una compañera suya también testificó que la acusadora había intentado suicidarse dos veces por sobredosis de somníferos.

Durante el curso de la acusación de agresión sexual, la percepción pública de Bryant se volvió abrumadoramente negativa. Varios de sus acuerdos de patrocinio de millones de dólares se terminaron, incluyendo los de Nutella, Coca-Cola y McDonald's. Nike, que acababa de firmar con Bryant un contrato de cinco años por 45 millones de dólares antes de que las acusaciones salieran a la luz, dejó de usar su imagen o de publicar cualquier zapato nuevo de Kobe durante el resto del año. Las ventas de la réplica de la camiseta de Bryant en los Estados Unidos también disminuyeron drásticamente.

En septiembre de 2004, se produjo un sorprendente giro de los acontecimientos en el caso. Los fiscales retiraron los cargos contra Bryant porque la acusadora ya no estaba dispuesto a testificar en el tribunal. Así pues, el juez de distrito del condado de Eagle, Terry Ruckreigle, retiró los cargos por completo. También se informó de que antes de que el caso fuera a juicio, la acusadora había presentado una demanda civil contra Bryant, y se había llegado a un acuerdo para esa demanda específica. Los términos no se revelaron a los medios de comunicación ni al público en general, aunque Bryant emitió una declaración poco después de disculparse por su comportamiento hacia la mujer la noche de la supuesta agresión, y admitió ser consciente de que los incidentes que ocurrieron pueden no haber sido considerados del todo consensuados por la acusadora. Su declaración también insistió en que no se había dado ningún pago a la mujer.

Con la retirada de los cargos en su contra, Kobe trabajó para reconstruir su imagen pública y su influencia como promotor de productos. Gradualmente, fue capaz de recuperar la mayoría de sus acuerdos de patrocinio de alto perfil e incluso conseguir nuevos. Para 2007, se estimaba que solo los acuerdos de patrocinio de Kobe estaban valorados en unos 16 millones de dólares anuales.

A pesar de los problemas de Kobe fuera de la cancha, los Lakers lograron llegar a las finales de la NBA de 2004 contra los Pistons de Detroit. La forma de juego de Kobe apenas se vio afectada por los problemas legales o la lesión de rodilla, ya que promedió 22,6 puntos por partido, 4,4 asistencias y un 35,1% de tiros de campo a lo largo de las series de las finales. Sin embargo, los Lakers se inclinaron ante los Pistons en cinco partidos, y los Pistons reclamaron el título por primera vez desde 1990.

Fue un momento de transición y de toma de decisiones tanto para Kobe como para los Lakers. El contrato del entrenador Phil Jackson no fue renovado por los Lakers, y Rudy Tomjanovich fue elegido para ocupar su lugar. Lo más sorprendente es que los Lakers cambiaron su preciado centro O'Neal por los Miami Heat a cambio de Lamar Odom, Brian Grant, Caron Butler, y una elección de primera ronda. El movimiento puso fin a la disputa entre Bryant y O'Neal. Un día después de que se anunciara el intercambio de Shaq, Bryant firmó un contrato de siete años con los Lakers, rechazando una oferta de Los Angeles Clippers.

Con la acusación de asalto sexual en el pasado, y su papel como líder de los Lakers de Los Ángeles, ahora que Shaquille O'Neal había sido enviado a Miami, era hora de que Bryant no solo reconstruyera su imagen, sino que también añadiera otro título a la histórica franquicia de los Lakers.

## **Resumen del capítulo**

• Kobe Bryant trató de mantener lo más privado posible de su vida personal, pero era difícil que alguien de su talla lo lograra.

• En 2001, Kobe se casó con Vanessa Laine, a pesar de la desaprobación de sus padres, hermanos, compañeros de equipo y agente.

• La relación de Kobe con sus padres se restableció cuando él y Vanessa tuvieron su primer hijo juntos.

• En el verano de 2003, Bryant volvió a estar en los titulares, esta vez por una acusación de agresión sexual presentada contra él por un empleado de un hotel de Colorado.

• Al principio, Bryant negó haber tenido relaciones sexuales con la acusadora, pero pronto admitió ante los investigadores, así como en una conferencia de prensa a nivel nacional, que tuvo un encuentro sexual con la mujer. Insistió en que la aventura fue consensuada.

• En septiembre de 2004, el caso de agresión sexual contra Bryant fue abandonado por los fiscales y desestimado por la acusación después de que la acusadora se negara a testificar en el juicio.

• Después de las finales de la NBA de 2004, que perdieron contra los Pistons de Detroit, los Lakers sustituyeron al entrenador Phil Jackson por Rudy Tomjanovich, y cambiaron al centro Shaquille O'Neal por el Miami Heat a cambio de tres jugadores y una elección en primera ronda del draft.

• Tras el anuncio del traspaso de Shaq a los Heat, Kobe firmó un contrato de siete años con los Lakers. También fue recuperando gradualmente los contratos que había perdido durante el juicio por violación.

# Capítulo 5: El camino a la redención

Un renovado equipo de Los Angeles Lakers debutó en la temporada regular de la NBA 2004-05. Además de las nuevas adquisiciones Lamar Odom, Caron Butler y Brian Grant, el equipo también dio la bienvenida a Vlade Divac, y fue dirigido por Rudy Tomjanovich, el sucesor de Phil Jackson. Kobe Bryant se encontró con un fuerte escrutinio por parte de los aficionados y los medios de comunicación mientras intentaba reparar su imagen, una proeza que se hizo más difícil por los comentarios del ex entrenador Jackson en su libro, *The Last Season: A Team in Search of its Soul*, refiriéndose a Bryant como no entrenable, entre otras críticas negativas.

Al comienzo de la temporada, Bryant fue siempre el defensa más fiable de Los Ángeles, con un promedio de 27,6 puntos por partido (segundo en la liga). El resto de los Lakers, sin embargo, se esforzaron por encontrar su química, y el equipo no llegó a la postemporada por primera vez en más de diez años, terminando con un récord de 34-48. Significativo en la decepcionante temporada de los Lakers fue su partido del día de Navidad contra los Miami Heat, que fue muy anticipado como el primer encuentro entre los Lakers de Kobe y su antiguo centro O'Neal. El partido fue tan emocionante como se esperaba, y Bryant brilló con 42 puntos para liderar a todos los anotadores. La doble actuación de O'Neal (24 puntos, 11 rebotes) para el Heat fue fundamental en la victoria de Miami en la prórroga sobre Los Ángeles, 104-102.

A comienzos de la temporada 2004-05, el entrenador Tomjanovich tuvo que dejar sus funciones por razones de salud y fue reemplazado por el entrenador asistente Frank Hamblen. Sin embargo, en la siguiente temporada, los Lakers pudieron volver a contratar los servicios de Phil Jackson. En la temporada 2005-06, los Lakers eligieron a Andrew Bynum, un centro recién salido del instituto, en el Draft de la NBA, y pidieron al legendario Kareem Abdul-Jabbar que fuera su mentor. Un intercambio con los Washington Wizards añadió al delantero Kwame Brown a la lista, y el agente libre Smush Parker también fue contratado para ayudar en las posiciones de defensa y de delantero.

Se prestó mucha atención a la reunión de Kobe y Jackson, y a pesar de su historial de diferencias, el jugador superestrella y el entrenador lograron trabajar bien juntos. Jackson guió a los Lakers de nuevo a su camino ganador y reconstruyó el equipo para que fuera un sólido aspirante al campeonato una vez más, impulsado por un resurgimiento de Bryant y un reparto de apoyo más fuerte. En su primer partido de la temporada contra los Denver Nuggets, Kobe anotó un tiro ganador a falta de 0,6 segundos para el final del tiempo extra para asegurar la victoria de los Lakers.

La temporada 2005-6 resultaría ser la mejor de Bryant en su carrera en cuanto a logros estadísticos se refiere. En un partido memorable el 20 de diciembre de 2005 contra los Dallas Mavericks, Bryant anotó la friolera de 62 puntos en tres periodos. Para el último cuarto, la Mamba Negra había superado al resto de los Mavericks por 62-61, marcando el único caso en el que un solo jugador ha sido capaz de lograr esta hazaña en tres cuartos desde que el reloj de tiro fue implementado por la NBA. Kobe también anotaría los 81 puntos más altos de su carrera el 22 de enero de 2006 contra los Toronto Raptors, lo que llevó a los Lakers a una victoria de 122-104.

La puntuación de 81 puntos de Kobe pasaría a la historia como el segundo mayor total de puntos en un solo partido, con solo la puntuación de 100 puntos de Wilt Chamberlain en 1962 por delante. La hazaña de Chamberlain se logró en una victoria desigual en la que sus compañeros de equipo le pasaron el balón de forma consistente en la pintura. Los 81 puntos de Bryant, sin embargo, fueron hechos en su mayoría desde el exterior y en una contienda en la que los Lakers se quedaron atrás por hasta 14 puntos en el medio tiempo y no lideraron a los Raptors hasta el cuarto período.

En enero de 2006, Kobe también se convirtió en el primer jugador de la NBA desde 1964 en conseguir al menos 45 puntos en cuatro partidos consecutivos, y solo otros dos jugadores (Chamberlain es uno de ellos) comparten la misma distinción. Bryant terminó el mes con un promedio de 43,4 puntos por partido, que es el octavo promedio mensual de puntuación más alto en la historia de la NBA y el mayor promedio jamás alcanzado por ningún jugador de la NBA, aparte de Chamberlain. Al final de la temporada regular, Bryant envió nuevos registros de la franquicia de los Lakers para la mayor cantidad de salidas de 40 puntos (27 partidos) y la mayor cantidad de puntos acumulados (total de 2.832).

Kobe ganaría el título de anotador de la NBA para la temporada, con un promedio de 35,4 puntos por partido, uniéndose a solo otros cuatro jugadores en la historia que han promediado al menos 35 puntos para toda la temporada regular. Bryant era un fuerte candidato al premio al Jugador Más Valioso de 2006, pero terminó en el cuarto lugar, y el premio fue otorgado a Steve Nash.

Los Lakers volvieron a los playoffs, y se enfrentaron a Nash y a los Phoenix Suns en la primera ronda. Los Lakers mantuvieron una ventaja de 3-1 en la serie después de las heroicas jugadas de Bryant en el cuarto juego, incluyendo un tiro que envió el juego a la prórroga y un par de tiros ganadores del juego para sellar la victoria. Los Lakers, sin embargo, no lograron eliminar a los Suns y finalmente perdieron la serie de siete juegos.

La actuación estelar de Kobe continuó durante la temporada regular 2006-07, lo que le permitió ser incluido en el 9º All-Star Game. Fue premiado como MVP del All-Star Game después de obtener 31 puntos, 6 asistencias y 6 robos. Sin embargo, varios incidentes en la cancha marcaron la temporada de Bryant, incluido un incidente del 28 de enero en el que dio un codazo en la cara a Manu Ginobili, de los San Antonio Spurs, mientras intentaba hacer una falta durante un posible salto de juego. La NBA revisó el incidente y suspendió a Kobe del siguiente partido contra los Knicks de Nueva York, citando la jugada de Kobe como un "movimiento no natural".

Una moción similar fue presentada por Bryant el 6 de marzo de 2007, esta vez contra Marko Jaric de los Minnesota Timberwolves. La liga abofeteó a Kobe con otra suspensión de un partido después del incidente. Luego, en su regreso el 9 de marzo, le dio un codazo a Kyle Korver en la cara, lo que fue considerado una falta flagrante de Tipo 1 por la NBA.

Sin embargo, no todo fueron peleas en la cancha para Bryant, ya que continuó acumulando hito tras hito. Anotó 65 puntos contra los Portland Trail Blazers el 16 de marzo de 2007, ayudando a los Lakers a romper una racha de siete partidos perdidos y dándole su segunda mejor actuación como anotador de su carrera. Kobe regresaría en el siguiente partido y pondría 50 puntos contra los Minnesota Timberwolves, y luego 60 puntos en un partido fuera de casa contra los Memphis Grizzlies. Antes de él, solo Michael Jordan y Wilt Chamberlain habían anotado tres partidos consecutivos de 50 puntos. Kobe eclipsaría el récord de Jordan al día siguiente al anotar 50 puntos contra los New Orleans Hornets, uniéndose a Wilt Chamberlain como los dos únicos jugadores en la historia de la NBA que anotaron cuatro partidos consecutivos de 50 puntos. Bryant terminaría la temporada regular con diez partidos en los que anotó al menos 50 puntos, ganando así su segundo título de anotador.

Detrás del liderazgo de Kobe, los Lakers ganaron el séptimo puesto en la Conferencia Oeste entrando en los playoffs. Se enfrentaron una vez más a los Phoenix Suns en la primera ronda, y aunque pudieron mostrar una mayor madurez en los playoffs, con notables contribuciones de Andrew Bynum, Sasha Vujacic, Jordan Farmar, Ronny Turiaf, y otros jugadores de banca, los Lakers no pudieron igualar la intensidad de Steve Nash, Amare Stoudemire, y el resto de los Suns. Los Suns ganarían la serie 4-1, y los Lakers una vez más no pudieron pasar la primera ronda de los playoffs.

Durante la temporada baja, Kobe pidió a la dirección de los Lakers que reforzara la lista de los Lakers con talento adicional. Antes del comienzo de la temporada 2007-08 de la NBA, los Lakers pudieron recuperar los servicios de Derek Fisher, que se había trasladado de Los Ángeles a los Golden State Warriors, y luego a los Utah Jazz. Los Lakers pudieron mantener su estatus en la cima de la clasificación hasta enero de 2007, pero el equipo pronto se vio acosado por numerosas lesiones, incluyendo una lesión de rodilla sufrida por Bynum, y otra lesión de Trevor Ariza.

Cuando los Lakers cayeron a 3-5 en enero, el director general de los Lakers, Mitch Kupchak, decidió adquirir a Pau Gasol, el centro español de 7 pies de altura de los Memphis Grizzlies. Gasol era un gran candidato para el triángulo ofensivo implementado por el entrenador de los Lakers, Jackson, y pronto las habilidades de Gasol fueron maximizadas por el equipo. En los playoffs, los Lakers ganarían la serie de la primera ronda contra Denver por 4-0, y luego se desharían de los Utah Jazz en la segunda ronda, así como de los San Antonio Spurs en las finales de la Conferencia Oeste. Bryant anotó 39 puntos en el quinto juego de las finales de la conferencia para sellar el trato y enviar a los Lakers de vuelta a las finales de la NBA.

En las finales de la NBA, los Lakers se enfrentaron a su archirrival, los Boston Celtics. Los Celtics ganarían el título al ganar los Juegos 1, 2, 4 y 6. Bryant lideró el equipo de los Lakers con 30,1 puntos, 5,6 rebotes y 5,7 asistencias en los playoffs. Al final de su campaña, los Lakers esperaban la próxima temporada con muchas promesas, ya que Bryant, Fisher, Odom y Gasol se convirtieron en una máquina bien engrasada de los Lakers, y Andrew Bynum y Trevor Ariza volvieron al estado activo. Un saludable y cohesivo equipo de Lakers liderado por Bryant apuntaría al título una vez más.

## **Resumen del capítulo**

• Después de que el caso de agresión sexual contra Kobe Bryant fuera desestimado, la estrella de los Lakers centraría su mente en reparar su imagen y llevar al equipo de vuelta al campeonato.

• En la temporada 2004-05 Bryant mantuvo su liderazgo como anotador de los Lakers, pero se encontró a menudo sin ningún respaldo consistente.

• La siguiente temporada, Phil Jackson volvió a la posición de entrenador principal de los Lakers. Se añadieron varios jugadores a la lista, como Andrew Bynum, que proporcionó un apoyo muy necesario a Bryant.

• La temporada 2005-06 fue la mejor de Bryant en términos de rendimiento estadístico, incluyendo su icónica puntuación de 81 puntos contra los Toronto Raptors el 22 de enero de 2006.

• Los Lakers llegaron a las eliminatorias en 2006 y 2007, pero perdieron contra los Suns en la primera ronda de las eliminatorias de ambos años.

• Como las lesiones acosaron a miembros clave de los Lakers en 2007, estos adquirieron a Pau Gasol, de los Timberwolves de Minnesota. Gasol resultó ser una excelente adquisición, ya que se mezcló con la ofensiva de triángulo de Jackson.

• En las finales de la NBA de 2008, los Lakers se enfrentaron a sus rivales, los Boston Celtics. Kobe presionó fuerte, pero los Lakers se quedaron sin el título nacional una vez más.

## Capítulo 6: De vuelta a la cima

El campeonato de la NBA estaba en primer lugar en la mente de los Lakers de Los Ángeles al comienzo de la temporada 2008-09, y con Kobe Bryant en el punto álgido de su carrera, además de la talentosa lista y el profundo banquillo del equipo, sabían que el título estaba a su alcance. Los Lakers abrieron la temporada ganando sus siete primeros partidos, y lideraron la Conferencia Oeste 42-10 dirigiéndose al All-Star Weekend. Sin embargo, las lesiones acosaron a Los Ángeles a principios de 2009, ya que Andrew Bynum estuvo apartado durante unas semanas por una lesión de rodilla, y solo regresó al final de la temporada regular.

Con la ausencia temporal de Bynum, Bryant tuvo que pisar el pedal una vez más, y realizó memorables actuaciones como la Mamba Negra como en el partido de 61 puntos del 2 de febrero de 2009 contra los New York Knicks. Kobe sigue teniendo el récord de más puntos jamás logrado por un solo jugador en el legendario Madison Square Garden. Los Lakers terminarían la temporada regular con una convincente carrera de 7-1, convirtiéndose en el primer cabeza de serie de la Conferencia Oeste.

En la postemporada, los Lakers se impusieron fácilmente a los Utah Jazz en la primera ronda, pero fueron desafiados por los Houston Rockets en la segunda ronda. Liderados por Ron Artest, los Rockets llevaron la serie a siete partidos. Después de una victoria de 19 puntos en el séptimo juego, los Lakers se enfrentarían a los Denver Nuggets en las finales de la Conferencia Oeste. En el tercer juego de la serie, con ambos equipos ganando cada uno, Bryant anotó 41 puntos y llevó a los Lakers a una victoria de 103-97 y a la ventaja de jugar en casa. Los Lakers cerraron la serie en el sexto juego en el propio terreno de los Nuggets, ya que Kobe anotó 35 puntos y dio 10 asistencias para encabezar la victoria de los Lakers por 119-92.

De vuelta en las finales de la NBA, los Lakers se enfrentaron esta vez a los Orlando Magic. Kobe fue imparable, promediando 32,4 puntos, 7,4 asistencias, 5,6 rebotes, 1,4 robos y 1,4 bloqueos a lo largo de la serie de finales. Bryant se convertiría en el primer jugador desde 1969 en promediar 32,4 puntos o 7,4 asistencias en las Finales de la NBA, y el primer jugador desde Michael Jordan en promediar al menos 30 puntos, 5 rebotes y 5 asistencias para el equipo ganador en las Finales de la NBA. Los Lakers ganaron el título una vez más, su 15º en la historia de la franquicia, y Bryant fue premiado con su primer trofeo de MVP de las Finales de la NBA.

Con el trofeo de vuelta en Los Ángeles, los Lakers querían defender la corona en la temporada 2009-10 de la NBA. La mayoría del equipo se mantuvo intacto, y el único movimiento importante fue el intercambio con los Houston Rockets: Trevor Ariza por Ron Artest. Los Lakers tenían una ventaja de tamaño y una formidable cancha delantera durante toda la temporada, y los Lakers lideraban la Conferencia Oeste 41-13 en el descanso del All-Star. Bryant sufriría varias lesiones durante la temporada, incluyendo una fractura por avulsión en su dedo índice derecho en diciembre de 2009. A pesar de la lesión en el dedo, decidió seguir jugando, e incluso hizo un tiro ganador en la prórroga contra los Milwaukee Bucks menos de una semana después de la fractura.

Bryant se convirtió en el jugador más joven en la historia de la NBA en alcanzar el hito de los 25.000 puntos durante la temporada, superando a Wilt Chamberlain. También se convirtió en el máximo anotador de todos los tiempos de la franquicia de los Lakers. Una lesión en el tobillo obligó a Bryant a perder cinco partidos, pero a su regreso, haría jugadas ganadoras para los Lakers al derrotar a los Memphis Grizzlies y a los Toronto Raptors en competiciones reñidas. Las lesiones en los dedos y las rodillas dejaron a Bryant fuera de juego durante nueve partidos de la temporada regular, pero los Lakers aún así entraron en los playoffs como primeros clasificados. La franquicia también le dio a Bryant una extensión de contrato de tres años y 87 millones de dólares.

En los playoffs, los Lakers se enfrentaron a los Oklahoma City Thunder en la primera ronda y los derrotaron en seis partidos, y luego pasaron a barrer a los Utah Jazz en la siguiente ronda. En las finales de la Conferencia Occidental, una vez más se enfrentaron a sus eternos rivales, los Phoenix Suns. Bryant pondría una nueva carrera en lo alto de los playoffs, esta vez dando 13 asistencias en el segundo juego de la serie, la mayor cantidad de asistencias de cualquier Laker desde las 13 asistencias de Magic Johnson en 1996. Los Lakers derrotaron a los Suns en seis partidos y establecieron una final de revancha con su archirrival, los Boston Celtics.

Las finales de la NBA de 2010 fueron una oportunidad para Kobe y los Lakers de vengar su dolorosa pérdida ante los Celtics en las series de campeonato de 2008. La serie valió la pena, que se extendió hasta siete partidos, donde Kobe lideró a los Lakers desde 13 puntos en el tercer período, anotando 10 puntos cruciales en el crucial cuarto trimestre, y terminando con 23 puntos y 15 rebotes. Los Lakers ganarían un séptimo partido de la final contra los Boston Celtics por primera vez, y defendieron con éxito su título. En sus entrevistas, Kobe comentó que de los cinco campeonatos que ganó con los Lakers, la victoria de 2010 contra los Celtics fue la más satisfactoria para él personalmente.

Ahora con cinco anillos de campeonato, Bryant quería igualar a Michael Jordan ganando otro. Llevaría a los Lakers a un fuerte comienzo en la temporada 2010-11 donde ganaron sus primeros ocho partidos. Kobe alcanzó otro hito en su carrera al convertirse en el jugador más joven de la NBA en acumular 26.000 puntos. También durante la temporada, Bryant ascendería al sexto lugar en la clasificación de puntuación de la NBA de todos los tiempos. A pesar de una fuerte actuación en la temporada regular, los Lakers serían barridos por el eventual campeón de la NBA Dallas Mavericks en la segunda ronda de las eliminatorias, terminando así con los sueños de otro trío.

Bryant siguió jugando durante toda la temporada 2012-13 a pesar de experimentar dolor en su rodilla y tobillo izquierdos, y de ser tratado con una revolucionaria terapia de plasma rico en plaquetas en Alemania. Bryant también sufrió una conmoción cerebral y se rompió la nariz durante el All-Star Game gracias a una dura falta de Dwyane Wade. Se perdió siete juegos en abril después de sufrir un moretón en la espinilla izquierda. Los Lakers perderían contra los Oklahoma City Thunder en la segunda ronda de las eliminatorias de la NBA.

La lista de los Lakers volvió a hacer grandes adquisiciones para la temporada 2012-13 de la NBA, añadiendo a Dwight Howard y Steve Nash. La temporada también vio la entrada de Mike D'Antoni como nuevo entrenador de los Lakers. El 5 de diciembre de 2012, Bryant alcanzó el hito de una carrera de 30.000 puntos, convirtiéndose en el jugador más joven de la NBA en hacerlo, y se unió a un club de élite que incluía a Wilt Chamberlain, Michael Jordan, Kareem Abdul-Jabbar y Karl Malone. Bryant lideró la liga en la puntuación durante la primera parte de la temporada, pero los Lakers tuvieron un comienzo desastroso y tuvieron que trabajar muy duro para asegurarse al menos el último puesto en las eliminatorias del Oeste. Kobe sufriría una lesión de fin de temporada el 12 de abril, con un desgarro del tendón de Aquiles en un partido contra los Golden State Warriors. Su liderazgo para los Lakers, sin embargo, fue suficiente para asegurarles un séptimo puesto en los playoffs de la Conferencia Oeste, aunque fueron arrollados por los San Antonio Spurs en la primera ronda.

La lesión de Aquiles que sufrió Kobe necesitó de una cirugía, y se estimó que podría tomar hasta nueve meses antes de que pudiera volver a jugar para los Lakers de Los Ángeles. Aún así, la Mamba Negra volvería, no sin luchar, y demostraría que es un verdadero guerrero del baloncesto.

**Resumen del capítulo**

• Kobe Bryant llevó a Los Angeles Lakers a otro campeonato consecutivo entre 2008 y 2010.

• Bryant también ganó su primer premio MVP de las Finales de la NBA en 2009 cuando derrotaron a los Orlando Magic.

• En la temporada 2009-10, Bryant se perdió algunos partidos de la temporada regular debido a lesiones, pero regresó con fuerza y llevó al equipo a la revancha de las Finales contra los Boston Celtics.

• Bryant quería ganar un sexto campeonato para igualar el logro de Michael Jordan, pero las eventuales lesiones le hicieron perder este objetivo.

• Aún así, Bryant logró muchos hitos en su carrera, incluyendo ser el jugador más joven en anotar 26.000 puntos y luego 30.000 puntos.

# Capítulo 7: Los últimos años

En noviembre de 2013, Kobe Bryant pudo volver a los entrenamientos del equipo de Los Angeles Lakers, pero se perdió los primeros 19 partidos de la temporada 2013-14. Kobe se preparó para jugar con los Lakers el 8 de diciembre y anotó 21 puntos en la victoria de Los Ángeles sobre los Memphis Grizzlies el 17 de diciembre, pero Kobe también sufrió otra lesión, esta vez una fractura lateral de la meseta tibial en su rodilla izquierda. Los médicos estimaron que la lesión podría tardar hasta seis semanas en sanar. A pesar de haber sido votado por los aficionados para la alineación inicial del Juego de las Estrellas, Bryant faltó al partido por su lesión de rodilla. Los Lakers anunciaron a principios de marzo de 2014 que Kobe estaría fuera el resto de la temporada para permitir la rehabilitación de su rodilla.

Kobe regresaría para la temporada 2014-15 de la NBA, esta vez con los Lakers siendo entrenado por su antiguo compañero de equipo Byron Scott. Bryant regresó a la verdadera forma de la Mamba Negra, anotando un triple-doble el 30 de noviembre contra los Toronto Raptors (31 puntos, 12 asistencias, 11 rebotes) en la victoria de los Lakers en la prórroga. A los 36 años, Kobe se convertiría en el jugador de la NBA de mayor edad en conseguir 30 puntos, 10 rebotes y 10 asistencias. En diciembre, Kobe superó a Michael Jordan para convertirse en el tercer máximo anotador de todos los tiempos de la NBA, y lideró la liga con 22,4 tiros por partido.

Sin embargo, era evidente que Bryant no estaba tan sano y fuerte como antes, ya que seguía luchando contra el dolor y la molestia en los pies, las rodillas, la espalda y el tendón de Aquiles. El entrenador de los Lakers, Scott, decidió reducir sus minutos de juego para no sobrecargar sus capacidades físicas. Kobe sufrió otra lesión el 21 de enero de 2015, esta vez un desgarro del músculo rotatorio en su hombro derecho. Aún así, la Mamba Negra volvió al juego e intentó disparar, driblar y pasar con la mano izquierda, a pesar de ser diestro. La lesión puso fin a la temporada para Bryant, ya que necesitaba una cirugía para corregir el desgarro en su hombro.

Autorizado para jugar en los juegos de pretemporada de 2015-16, Bryant estaría de nuevo al margen por una lesión en la pantorrilla y no participaría en la mayoría de los juegos de exhibición. Aún así, Bryant jugó en el primer partido de los Lakers y batió el récord de John Stockton de más temporadas con el mismo club, en 20 temporadas con Los Ángeles. Se especuló mucho sobre la salud de Bryant y su futuro con los Lakers, y muchos creyeron que era hora de que se retirara.

Bryant hizo el anuncio que todo el mundo esperaba el 29 de noviembre de 2015, escribiendo un poema que fue publicado por The Players' Tribune. Bryant describió cómo se enamoró del juego del baloncesto a una edad muy temprana y supo desde el principio que sería la pasión de su vida. "Un amor tan profundo que te di todo, desde mi mente y cuerpo, hasta mi espíritu y alma", escribió.

También reconoció en su poema que la temporada 2015-16 era el momento adecuado para despedirse del juego que amaba con intenso fervor: "Mi corazón puede soportar los golpes, mi mente puede soportar el trabajo, pero mi cuerpo sabe que es hora de decir adiós. Y eso está bien. Estoy listo para dejarte ir".

Tras el anuncio, el reconocimiento de Bryant y sus logros estelares llegó de todas partes de la liga, y los aficionados lo saludaban con ovaciones de pie, incluso durante los partidos fuera de casa. Continuaría registrando valiosos minutos para los Lakers, y se convirtió en el cuarto jugador de la historia en anotar al menos 35 puntos, 5 tablas y 5 asistencias a la edad de 37 años.

El último partido de Bryant en la NBA fue el 13 de abril de 2016 contra los Utah Jazz, donde anotó 60 puntos, convirtiéndose en el jugador de la NBA de mayor edad en anotar al menos 60 puntos en un partido. Fue un final digno de una carrera marcada por logros notables y una pasión por el juego del baloncesto que inspiró a toda una generación de aspirantes.

El legado de Kobe Bryant continúa hasta el día de hoy, y sigue siendo una figura popular en todo el mundo, involucrado en varias causas y organizaciones filantrópicas. Es el portavoz oficial del After-School All-Stars, un grupo sin fines de lucro que ofrece una variedad de programas extraescolares para niños de bajos ingresos y en riesgo en diferentes ciudades, incluyendo Chicago, Columbus, Dallas, Toledo, San Diego, Nueva York, Miami, Orlando, Los Ángeles y San Antonio. Kobe también apoya a la Fundación Vijay Amritraj, la Fundación Make-A-Wish, Stand Up To Cancer, y la Fundación de la Familia Kobe y Vanessa Bryant.

Bryant también se ha involucrado en varios negocios propios, incluyendo Kobe Inc., que busca poseer y desarrollar marcas en la industria del deporte y el estilo de vida en constante expansión. La inversión inicial de Kobe Inc. fue la línea de bebidas deportivas BodyArmor. Kobe también lanzó una empresa de capital de riesgo con su socio Jeff Stibel. Bryant-Stibel, la empresa de capital de riesgo, invierte en la financiación de negocios a través de los medios de comunicación, la tecnología de la información, los procesos de datos y los juegos.

Como hombre de negocios, Kobe está igual de involucrado en el proceso, e incluso fue descrito por Mike Repole, fundador de BodyArmor, como "psicótico" en su estilo de gestión empresarial. "Envía un mensaje de texto a las 3 de la mañana, y responde un minuto después... No creo que ninguno de los dos duerma", dijo Repole a ESPN.

Bryant admite que es obsesivo. "No quisiéramos estar haciendo nada más que lo que estamos haciendo. Ahí es donde entra la obsesión, cuando te preocupas por algo las 24 horas del día".

No es sorprendente, entonces, por qué Kobe Bryant, la Mamba Negra, ha logrado tanto en su vida. Cuando pone sus ojos en algo, invierte mucho de su tiempo, energía y devoción, arriesgándolo todo y dando lo mejor de sí mismo. No es de extrañar que Bryant logre finalmente tanto éxito en sus negocios como lo hizo jugando al baloncesto para los Lakers, teniendo en cuenta su nivel de dedicación.

## **Resumen del capítulo**

• Las últimas temporadas de Kobe Bryant en la NBA estuvieron plagadas de varias lesiones, pero siguió luchando y contribuyendo a los Lakers.

• Bryant se convertiría en el jugador de la NBA de mayor edad en anotar 30 puntos, 10 rebotes y 10 asistencias en un partido.

• Kobe también superó a Michael Jordan y se convirtió en el tercer máximo anotador de todos los tiempos de la liga.

• En noviembre de 2015, Bryant anunció que sería su última temporada. Los homenajes llegaron de toda la liga, incluso de los aficionados que normalmente se burlaban de él durante los partidos.

• Hoy en día, Bryant está involucrado en varias causas caritativas, y también está involucrado en varios negocios.

• Se le describe como un obsesivo de sus negocios tanto como del baloncesto.

# Conclusión

Un atleta como Kobe Bryant solo se presenta una vez cada generación. Su amor por el oficio, su dedicación a ser siempre el mejor en lo que hace y su determinación de ganar han hecho que la Mamba Negra se gane el cariño de los fanáticos del baloncesto de todo el mundo y lo han consagrado en los registros de la historia entre los grandes del juego. Para los jóvenes y prometedores talentos del baloncesto de hoy en día, Kobe se encuentra frecuentemente entre los nombres más admirados, y su legado como atleta y patrocinador sigue muy vivo hoy en día.

Lo que Kobe Bryant ha conseguido como jugador de baloncesto profesional debería inspirarnos, sin importar nuestra carrera en la vida, para apuntar a lo mejor y dar el 100% cada vez que se nos plantea una tarea. Desde su época de jugador de baloncesto en el instituto, hasta su histórica carrera en la NBA, Kobe personificó el mejor ejemplo de alguien que sabía que si valía la pena hacerlo, valía la pena hacerlo bien, y valía la pena dar el máximo.

Las lecciones de determinación y persistencia a través de la adversidad también se muestran en la carrera de baloncesto de la Mamba Negra. Se defendió de un escándalo potencialmente devastador y trató de recuperar la confianza y la aceptación del público admitiendo sus defectos y avanzando. Kobe dejó de lado las diferencias personales con su compañero de equipo, Shaquille O'Neal, y su entrenador de larga data, Phil Jackson, para lograr el objetivo final: reclamar el título de la NBA que tanto deseaban. Incluso durante los últimos años de su carrera como jugador, cuando las lesiones le dejaron de lado, Kobe mostró esperanza y resistencia y siguió regresando, rehusándose a rendirse sin luchar.

En una sociedad que se centra en la comodidad y la facilidad, haríamos bien en aprender de ejemplos como el de Kobe Bryant, que puede inspirarnos para maximizar cada oportunidad y alcanzar la excelencia, sin importar las circunstancias.

www.ingramcontent.com/pod-product-compliance
Lightning Source LLC
LaVergne TN
LVHW021739060526
838200LV00052B/3357

# Ethereum

*Understanding Blockchain Technology, Ethereum, and the Future of Cryptocurrency*

**Paul Paxton**

# Table of Contents

Introduction ............................................................................. 1

Chapter 1: What Is Cryptocurrency? ........................................ 5

Chapter 2: All About Ethereum ............................................... 14

Chapter 3: Blockchain Technology ......................................... 25

Chapter 4: Smart Contracts ..................................................... 34

Chapter 5: Optimistic Yet Cautious ........................................ 37

Chapter 6: The Future of Ethereum ........................................ 43

Conclusion ............................................................................. 50

# Introduction

Back before gold became such a precious metal, it was just a rock someone found one day while digging in a stream. This just goes to show that some of the most valuable things in life have the humblest of beginnings.

That's never been more apparent than when it comes to anything related to technology. Throughout the years, there have been great technological and digital advancements that didn't mean much at the time, but they would go on to influence society as a whole in the coming years.

The worldwide web was lauded as a fad at first and is now the reason that the Internet exists as it does today. WiFi is a complicated process of connectivity and online communication, and now we take it all for granted, even though it's the reason a lot of stuff we use even works.

Social media used to be something adults used to reconnect with old friends from high school, and now it's the ultimate way to communicate with everyone. Robots, machines, and artificial intelligence have been a science-fiction horror trope for decades, and yet we trust them now to make our lives more convenient than they've ever been.

It's a vicious cycle. It seems like in this great technological age, there's always that one horse in the race that exceeds all expectations or that one stock in the market that overperforms in a way that no one saw coming. Either no one believes in the potential at first or they take it for granted while the horse or the stock is still getting its bearings. I believe that we're seeing that right now with the current rise in cryptocurrency.

Now I am sure that you've heard this word 'cryptocurrency' sometime in your daily life. Whether it was on the news, as a passing phrase in an overheard conversation, as the punchline to a joke, or as the key to success in someone's financial testimony. That word has likely been used at least once in the past month around your general vicinity. It's certainly more popular now that celebrities and major companies have taken notice of it and are either telling people to invest or are investing in their own way. Cryptocurrency is here and living rent-free in people's minds.

But that might be just fine with you because you're intrigued with the concept. In fact, maybe your familiarity with cryptocurrency goes a little bit deeper. Maybe dollar signs have started manifesting in your mind. Maybe you've heard of non-fungible tokens (NFTs), or the baffling price of bitcoin, or this new "meme stock" in the form of dogecoin, if you scour the Internet a little deeper than most.

Maybe you've heard of something called 'Ethereum,' and that's why you've decided to pick up this book. Maybe you had this spark of inspiration telling you that this is your next step, and this is what you're going to do today. Hey, maybe you just really like the word Ethereum.

Whatever the reason, readers, I assure you that you've made an excellent choice when it comes to books as you're going to learn something certifiably new.

So pull up a chair in whatever bookstore, coffee shop, living room, or library that you're reading this in because I assure you that you're not going to want to be doing anything else anytime soon other than reading this book.

All with good reason, too. This book is meant to be more than just an extended definition of cryptocurrency that you won't find in a dictionary. We're not just trying to be definitive, but also informative and motivating.

In this book, you will learn all the important things about cryptocurrency and why it's suddenly trending. You'll learn why this is actually neither sudden, nor a trend, and why we're looking at the future of currency and networking. You'll learn how to invest in cryptocurrency and the pros and cons it will have on your wallet. You'll learn that there's another definition for wallet. And yes, of course, you will learn more about Ethereum.

Ethereum is not a drug, medicine, app, sport, video game, or new yoga pose. It is an innovation in technology and a look into what connectivity, communication, and yes, even currency, will look like in the near future.

You'll learn about the inception of Ethereum and why it was created. You'll also learn all about its relationship with this fascinating thing known as a blockchain, as well as where a smart contract fits into the puzzle.

You'll learn why powerful and influential people are interested in Ethereum and what it can do for anyone and everyone. You'll learn what a dApp is, the meaning of DEX, a straight definition for NFTs, and the knowledge of *CryptoKitties*.

As you get wiser, you'll learn about the critiques and concerns about Ethereum and the advancements and answers in response. And last, but certainly not least, you will learn what Ethereum means for the future, not just for cryptocurrency, not just for privacy, but for the economic and technological systems in place today.

This is not a sales pitch; it is a spoiler. You are about to embark on a bold, daring ride into an area of study that's still being developed and curated at the time of this writing. Depending on when you're reading this, this book might function more as an archive than an informative base. That's how new this information is.

So, now, what are we waiting for?

Welcome to the world of Ethereum.

# Chapter 1: What Is Cryptocurrency?

Much like it's important to discuss the control panel on a plane before you can take off down the runway, it's important that we discuss the concept of cryptocurrency as a whole before we even begin to discuss Ethereum. Let's broaden our lens in this first chapter to give some necessary background information on this relatively new phenomenon.

There is surely a lot to unpack when it comes to cryptocurrency. Its inception is so baffling that understanding what it is will make you feel like you've been given ancient, forbidden knowledge passed down from a shadowy group of people. Fortunately, this information isn't that cryptic (no pun intended). Cryptocurrency is neither ancient nor forbidden, and what you learn in this chapter will benefit you not just throughout this book but also for years to come as the status of your wealth and finances changes.

But we're getting ahead of ourselves. Let's start with something basic and formally define this word that's going to be used many, many times in the next few chapters.

# The Definition

No matter where you are, economies and transactions function in the same, simple way. You want something that someone has, and you negotiate in a way that you get what you both want. In other words, you are always faced with multiple ways that you can exchange goods and/or services to get what you want. These include, but are not limited to paper, coins, cards, tickets, an exchange of different goods or services, and some places will even have specialized currency like tokens that you can only use in specific places—like casinos and arcades. We're talking about money here, and throughout history, humans have found ways to develop and adapt money to exist with the times and cater to their needs.

Cryptocurrency is looking to be that next, necessary step in monetary progression. In order to fully understand cryptocurrency, we need to divide the concept into its two base words: crypto and currency. The latter is much easier to grasp, as stated above, it is a form of money that fuels an economy. For the most part, it's physical, and the amount of currency you have is signified by what you have on your person or what you have stored away in a bank or elsewhere. Currency is a simple concept that you inherently know if you've spent five seconds in society, and so not much else can be said that you don't already know.

But that first part of the word is where things get interesting. Crypto is the shorthand form of the word cryptography, which is a method of protecting the digital exchange of information and communication. Because of its uses and implications, along with the budding research still being done on it, we would need a whole separate book to discuss all the nuances of cryptography. In this book, I will provide the most relevant information that you're going to need for cryptography.

Cryptography is an interesting mix of math and cyber security. By using hard-to-decipher equations and algorithms, cryptography is a process that ensures secure data that is only readable and accessible to the person who owns that information or needs to receive certain communication. In other words, through the power of math, your data remain safe and private for you and whoever you trust to use and review it. This is the ultimate and most effective step in privacy, ensuring confidentiality between whoever receives the information and also ensuring the information cannot be altered in any way before a transfer.

So, here you have two necessary definitions. Currency is money that can be exchanged for goods and services. Cryptography is a digital process of securing and privatizing information so that it is solely accessible and transferable by its owner. Combining these two concepts gives you a formal, important definition of what we'll be talking about for the next few chapters.

Cryptocurrency is a digital form of currency that is secured online, solely owned by its recipient, and cannot be altered or controlled by any other entity.

### How Does It Differ from Other Kinds of Currency?

Seems like a simple enough concept to grasp, right? Cryptocurrency is an alternative way to digitally pay for things like pizzas and shoes. Don't credit cards already do that? You're not paying with real, immediate money with them, as the money you're paying with is online. That's the same thing, right?

Well, no, and there are several reasons why cryptocurrency differs from credit cards and any other kind of currency that you can think of. Cryptocurrency (or otherwise known as 'crypto') is solely and irrevocably digital, meaning that it only exists online and does not have any physical form unless you store your crypto on a hard drive. There are no cards, paper bills, or other kinds of symbolic tokens that you can trade with others or present at the store to pay for your groceries and say, "I'm paying with my crypto." You can't buy gift cards at the store with a set amount of crypto that you can redeem into your account—at least not yet.

Much like a bank statement or a receipt, all records of your crypto and how you spend it are online, but these records function in a much different way. Proof that you own crypto and how you exchange it is recorded through a coded ledger called a blockchain. We'll talk in-depth about blockchain technology in a later chapter, but for now, all you need to know is that it's an accurate, unified record of the transactions done with cryptocurrency. That is its basic function and what all cryptocurrencies need the blockchains to do.

Traceability and accurate financial records are important aspects of cryptocurrency. There's no "paper trail" when you pay with paper cash (without a receipt), meaning you can never tell how much money was exchanged, when, and what for. Credit and debit card information can be used without your knowledge, meaning transaction records are susceptible to fraud and false reports. With the blockchain, however, everyone knows what was spent and where, and there are certain methods used to prevent fraud. We will go over this point in a later chapter.

Perhaps the most intriguing aspect that makes cryptocurrency stand out is that it is unregulated by banks or other financial-type companies, meaning that crypto prices are not at the mercy of inflation by the banks and what you own is solely yours.

Cryptocurrencies are decentralized, which means no single entity owns all the crypto and you have to buy it from them. No one else can dictate or handle your crypto but you. No one else can theoretically get a hold of your crypto, and you are at the liberty to use all of what you have acquired. The value of crypto isn't intrinsically tied to the trends of a country's economy or a bank's meddling. In fact, the value of crypto is only influenced by the activities of its users and protocols in their code. That means that the more people use the crypto you've invested in, the greater its value.

## The History

What's both nice and convenient about cryptocurrency is that it's still a relatively modern idea that's only just begun gaining major traction in the past few years or so. This means information about cryptocurrency is everywhere online, especially its history.

The conception of cryptocurrency traces its roots all the way back to the 1980s, thanks in no small part to the research and work of a cryptographer, David Chaum. He developed an algorithm—a common occurrence, it seems, with crypto—that became vital in securely exchanging unalterable information between two parties. To this day, this algorithm is still used to help with modern web-based encryption.

His work provided two major breakthroughs for crypto: the rise in importance for encrypted, peer-to-peer communication and the concept of digital currency becoming a viable option for a person's finances. The latter would gain appreciation more than 20 years later when an economic recession severely devalued the price of coins and gold.

But this was merely the groundwork for cryptocurrency as we know it today. Chaum dabbled in digital currency with his creation of eCash and then DigiCash, but the term 'cryptocurrency' wasn't even coined until a decade after his initial research, and crypto didn't gain public attention until much, much later.

## *When Did Cryptocurrency Become Popular?*

In 2008, another major piece of work supporting cryptocurrency was published by the still anonymous Satoshi Nakamoto. Fascinatingly, Nakamoto's identity is still shrouded in mystery, and so it's still uncertain whether the name belongs to an individual or a group of people. There have been rumors and speculation, but to this day, Nakamoto has never been publicly identified. Regardless, the writings attributed to Nakamoto introduced a fascinating, new term: Bitcoin. I'm certain you've heard this word before and, in fact, it's probably one of the main reasons you've taken such a new interest in cryptocurrency.

Nakamoto touted Bitcoin as the first exchangeable currency that was decentralized from banks and other entities, promoted user anonymity, and established and maintained transaction records via blockchain technology. Simply put, it was revolutionary and a reaction to the perceived mishandling of money by banks and governments, especially during the great financial crisis during a time that crashed the housing market and almost plunged the world into another depression.

A year later, the software for Bitcoin became open-source, and it didn't take long for people to learn how to use the blockchain technology and begin mining and exchanging bitcoin. The first recorded transaction with cryptocurrency came when someone used 10,000 bitcoins to pay for two pizzas.

Today, 10,000 bitcoins can pay for *a lot more* than two pizzas.

A year after the crypto software became open-source, different kinds of cryptocurrencies began sprouting up and increasing the value and validity of crypto. Starting around 2012, Microsoft and

Tesla started accepting the popular crypto as a legitimate method of payment. Later, even more businesses followed suit.

The increase in validity helped Bitcoin and cryptocurrency skyrocket and become more popular with the public. Now, even though cryptocurrency has been around for over a decade, people are still trying to get in on the "ground floor" when it comes to crypto and are investing their money into new cryptocurrencies. This was especially true during the 2020 pandemic, when traditional financial assets began losing value since, of course, people were neither making nor spending money. Corporations and celebrities took notice of crypto's potential, hitched their wagons to it, and invested their money and attention in it.

What you're seeing right now is the effective rise of crypto's popularity; the effective work and patience of people who first brought in this radical change. It is now something that comes up in casual conversations, it's on the minds of the most passive of observers, and it's certainly why you're still reading this book. You want to know more, and now you know a little bit, but we've only scratched the surface of cryptocurrency. There's still more to unpack, and we haven't talked about Ethereum yet! But we will, don't worry.

## The Options

As previously stated, other kinds of cryptocurrency soon appeared when the software became available for anyone to tinker with. People had the tools now, and once they knew what it took to make their own cryptocurrency, they decided they wanted to get their own piece of the pie. Maybe they just wanted to experiment and see if they could do it. Right now, there are more than 2,100 recognized cryptocurrencies in the world with no less than a few hundred of them being actively traded at any given time. I'm sure you can agree that that's a lot.

You might look at that number and feel overwhelmed, thinking that maybe you should invest in *all* of them so that you'll get a huge return if one of them skyrockets in price. But that's dangerous and, in fact, there are more than a few cryptocurrencies whose prices are highly volatile, meaning they will fluctuate rapidly between slightly profitable and a poor investment.

A lot of these cryptocurrencies never see any real profit, and that's because you have to take into account user activity. If few people are actively trading the coin you've invested in, its price will barely rise, and you'll be stuck with a worthless dud.

You want to be careful with the kinds of crypto that you're putting your money in, so don't just spin a wheel and buy whatever it lands on. Be smart and look at this list of recognized cryptocurrencies that are being actively traded and that are the most stable price-wise. Now remember that this book is mainly about Ethereum, but it's beneficial for you to know that there are more than two options for crypto just in case you decide Bitcoin and Ethereum are not the right ones for you.

**Bitcoin:** You've already been given the basics about bitcoin, which is by far the most popular and longest-standing crypto on the market. It continues to progress as a legitimate means of payment, and now many well-known companies will allow you to use bitcoins as payment on purchases.

**Litecoin:** This is an 'offspring' of sorts when Bitcoin's software became open-source. It was created in 2011, it has the same basic structure as Bitcoin but with a higher production count, meaning there are more litecoins on the market than bitcoins. Litecoin is a solid option.

**Ripple:** Created in 2012, ripple has a good consensus system that makes blockchain creation and transaction confirmation faster. It is also a very fluid kind of crypto, meaning it can be easily converted into other common currencies like yen, euros, and U.S. dollars.

**Dogecoin:** This is one to look out for if only to see the effects of Internet mob mentality and cryptocurrency inflation. Dogecoin was initially created as a joke back in 2013 to poke fun at the speculation and increasing popularity of cryptocurrency, but then it gained major backing from Internet communities who saw it as a legitimate investment opportunity. There is no known supply limit for dogecoin and there have been billions of units mined since its inception, however, investing in it is a very large risk and its price on the market isn't even close to a dollar as of this writing.

**Ethereum:** This is one of the most viable options for investing in crypto and the namesake of this book. It wouldn't do this crypto justice to only describe it in one paragraph here, so how about dedicating the rest of the book to talking about it?

# Chapter 2: All About Ethereum

Now that we've gotten a lot of basic, needed information about cryptocurrency out of the way, we can move on and talk more in-depth about the topic of interest. But before that, I want to make sure that you know what kind of investment you're thinking of getting yourself into.

Why do you want to learn about Ethereum? Answer this question for yourself, not for me. Maybe you've been looking at investing into cryptocurrency, but the price of bitcoins is too high and you're looking for an alternative. Maybe you overheard the word Ethereum being used in some conversations, and you think that it must be fate that you saw this book soon afterward. Maybe you're bored and picked this book up because you thought the title sounded cool. Maybe this is required reading for your finance class, so you need to learn about Ethereum to get a good grade.

Whatever your reason is, be aware that it's going to shape how you perceive this information. But I'm not here to be your psychiatrist, so let's finally dive into the deep topic of Ethereum.

## What Is It?

Ethereum is a significantly different type of cryptocurrency that is one of the strongest, most trusted options out on the market. Although "second option" is the title that most would give Ethereum, I want to stray from calling it that because of Bitcoin. That's because I believe they both have proven to be major pillars of cryptocurrency, which never would have reached its current status if it weren't for Bitcoin and Ethereum. Second option also implies that Ethereum's value is less than Bitcoin, which is also not the case because they both hold an intrinsic value unique to their coin.

Ethereum is not really a second option because it does something that Bitcoin doesn't, and that's to function as more than just a currency. A unit of Ethereum is called an 'ether' and with access to ether you can buy, sell, and trade it just like with other cryptocurrency, and you can use it to gain access to Ethereum itself. This is because Ethereum represents more than just a coin. It represents an entire digital network that not only handles finances but also anything else you can think of.

When Bitcoin was created, it implemented blockchain technology, but it was more focused on the currency side of cryptocurrency and not the cryptography part. It distinguished itself as a great, new form of payment with more security, but it never fully pushed blockchain technology to its greatest potential. The situation stayed this way for a while until Ethereum came along. Ethereum aims to take blockchain technology off the backburner and put it at the forefront as a great selling point, because it gives investors the incentive of being an active creator in this cryptocurrency.

I know this sounds complicated, so let me describe Ethereum in simpler terms that you can turn around and use to sound like an Ethereum expert. If Bitcoin is a pocket calculator, then Ethereum is a smartphone. Bitcoin has one primary function; to be an alternative form of currency, and it does this very well. Ethereum takes the software of that pocket calculator and gives people the chance to tweak it, tinker with it, improve it, and create new applications. Ethereum becomes something akin to a software because it still provides the basic functions that Bitcoin does, but it also allows you to do so much more.

Here's another analogy: Bitcoin is a sandwich and Ethereum is the by-product of someone rearranging the ingredients of the sandwich to create something new like a pizza, hors d'oeuvres, or a smoothie.

One last analogy for good measure: Bitcoin is a sink with running water, while Ethereum is that same sink, except it has detachable faucets, more than two settings, a sensor, and a timer. Ethereum turns something simple into something fascinating.

## Why Was Ethereum Created?

Much like a lot of cryptocurrencies, Ethereum was created in response to, and because of, bitcoin. In 2015, programmer Vitalik Buterin launched Ethereum as a decentralized, open-ended software program, which already set it apart from its other crypto competition. He has since been heavily involved in the progress and development of Ethereum because he saw Ethereum as an innovation in more ways than one. After a successful crowdfunding effort, Ethereum was launched to the public in 2015 with 72 million coins (ether) to buy, sell, and use.

Buterin wanted to create something that embraced the ideas of decentralization and sole ownership. He envisioned something akin to a global supercomputer where people could create programs, interact with each other, and power user-made applications. This would be self-sustaining and unencumbered by censorship, corporate ownership, and counterfeiting. All of this was powered by Ethereum. Yes, this may sound like science fiction talk, but it's an ambitious goal that could end up seeing viable results. This vision also falls in line with another interesting fact about Ethereum: Buterin chose the name of his flagship project after looking through a list of science fiction elements on Wikipedia.

**How Does It Work?**

Let's dive a little deeper into the incredible main functions of Ethereum. By using the blockchain technology introduced by bitcoin, Ethereum aims to be an open-access network for anyone to use without fear of their data being compromised or altered by anyone but them, and with the ability to make something completely their own in an unjudging and collaborative environment. Everyone works off the work of someone else, and that's okay.

Ethereum also aims to become a place that champions peer-to-peer communication, which means you can exchange goods, services, and information with someone else without a meddling middleman like an Internet service provider or a corporate-owned messaging app watching over the communication and shutting down anything they don't like. This cryptocurrency aims to give a greater freedom for programmers to work on projects without being strapped down by censorship or being throttled by the data restrictions set by corporations. In fact, according to Ethereum's official website, it prides itself on being "a marketplace of financial services, games and apps that can't steal your data or censor you."

These developments are still in their embryonic stages, but what they're trying to accomplish will no doubt change the way we look at technology and its limitations. Already, you can see the work that developers are doing through Ethereum as they've created tools and services that relate to social media, gaming, and finances. It's a utopian effort, but one that will no doubt be exciting to see develop.

Then, of course, Ethereum also serves as another type of cryptocurrency. A unit of buyable and usable Ethereum is known as an ether that can be purchased in the same way as any other kind of crypto. Ether has the capability of being used in transactions much like any other kind of crypto. You can hold on to your ether in the hopes that its value will eventually go up so that you can get a huge return on your investment. Ether fuels the whole machine of Ethereum, financial and otherwise. Ether acts not only as Ethereum's own unique form of payment, but also as the fuel for the machine.

Ether is a lot like tokens at an arcade in a way, if said tokens could net you real money, allow you to create open-source applications, give you access to encrypted peer-to-peer communication, and make sure that the arcade games are even turned on. But we're getting ahead of ourselves.

What sets Ethereum apart from its competition is that its two main functions interconnect in a way that no other developer had thought about until Buterin came along. Your interest in Ethereum can be from a financial or technological standpoint, and yet it will still benefit the crypto in both ways. We've already touched on the fact that the implementation of blockchain technology allows Ethereum to perform its amazing functions, but how can you even access these features and make use of these functions? The answer is ether.

Not only is ether the exchangeable currency for Ethereum, it's also the key to accessing its diverse range of features. Ethereum's website calls ether its lifeblood, as it's the fee you pay in order to access programs on Ethereum as well as creating whatever it is that you want to create. Ether powers the whole thing and keeps the network up and running.

In fact, ether is sometimes known as 'gas,' which is fairly apt considering its role in fueling Ethereum. Though ether can be used as a form of payment, its initial purpose is to facilitate Ethereum's contracts, applications, and programs. You can even use ether as collateral to create your own cryptocurrency through Ethereum.

When you invest in ether, you're investing in more than just a currency. If all of this is still hard to grasp, then this should help. Think of it as if you were riding a bus, and the bus fare not only ensured your seat inside but also that the bus would even start and get you to your destination. Ether is the bus fare, and Ethereum is the bus. Ether is a literal example of money making a world go around.

## How Do I Buy Ethereum?

Now we get to the question that I'm sure must be at the top of your list: How do I buy Ethereum? Know that you are not trying to buy Ethereum - that's the supercomputer making all of this happen. Investing in Ethereum means that you're going to be buying ether (abbreviated as ETH), and you buy ETH the same way that you buy any kind of cryptocurrency. Still with me? Don't worry, this will make sense in a second.

Buying crypto is a lot like buying stock, and if you know how to do that, then you're already ahead of the game. This is because you're using your own money to finance what you hope is going to be a successful venture, and that hope needs to be strong because this is a very competitive and unpredictable market. Not only that, but there's a limited number of crypto on the market, much like how a company only allows a limited number of shares to be bought. Unlike with crypto, companies purposefully limit the shares they make public.

For crypto, the currency just hasn't been mined yet. The more people who trade and interact with the crypto you're investing in, the better the price is going to be. The less activity surrounding your crypto, or the more that's on the market that isn't being bought, the worse the price will be. It's taking a chance on success. Unlike with stocks, however, you aren't investing in the success of a company, but rather, in the success of a currency.

The reason bitcoins' price is so high now is because interest went up over time and people wanted to invest more and more of their money into what they see as a "sure thing" or at the very least the newest way to "get rich quick." But that's not you, is it? You're smarter than the ones who are trying to cash in on crypto without knowing the specifics of it. Ethereum's price has also risen, but, as you now know, there's more to its popularity than just being another currency.

Crypto can be bought through a centralized or decentralized exchange, though either way you're using money you already have, to make the purchase. A centralized exchange means that you're buying your crypto from a third party with traditional currency (i.e., credit or debit card). This can be a business or brokerage platform that is promoting a new cryptocurrency feature on their end of things, or a business solely meant for handling crypto. Some of the more popular businesses that represent the latter are Coinbase, Bitstamp, Gemini, and Kraken. These are all secure, online platforms primarily meant to buy, sell, and store cryptocurrency.

Recently, online brokerages have started to express their interest in crypto and are now allowing you to buy and sell it on their platforms that include eToro and SoFi Active Investing. Regardless of what kind of platform you use to buy your crypto, know that a centralized exchange means the company still holds on to it for you. You only get sole ownership of your crypto when you transfer it to a wallet.

This brings us to the decentralized exchange method (sometimes shortened to DEX). This, much in the spirit of cryptocurrency, cuts out any sort of corporation in the transaction and deals with peer-to-peer exchanging of crypto. You are buying it without financial intervention and dealing with a transaction straight from another crypto owner's wallet. It is a direct market between buyer and seller, as there's no middleman, no altered or corrupted data, and typically no extra fees.

Given the spirit and purpose of cryptocurrency, DEX is a more authentic experience in exchange if you're seriously considering a long-term investment or if you're a programmer wanting to immerse yourself in these concepts of blockchain technology and the tools available through Ethereum.

Now, when I say 'wallet,' I don't mean the typical kind where you have your ID cards and receipts from six years ago. These wallets are how you hold your crypto when it's solely your own. The wallet reads your current balance, allows you to make direct, decentralized exchanges with someone else, and gives you access to applications in regards to certain crypto like ETH. Crypto wallets are acquired when you use one of the previously mentioned apps like Coinbase to make a crypto transaction, and these apps also help you generate an Ethereum account that you can use to manage your ETH and gain access to Ethereum's tools and applications.

Other kinds of wallets include web wallets that let you manage your account through a web browser, desktop wallets that let you manage your wallet directly through your computer's operating system, and physical, hardware wallets that give you the most security for your crypto since you can now store it offline.

Centralized or decentralized, the transactions are simple. You pay someone using traditional currency like your credit or debit card, and that crypto either stays on hold with the company you used to buy it through, or it goes directly into your wallet.

Ethereum's official website actually makes finding a wallet a very simple process. It gives you all the basic information you need about wallets, provides options for wallets based on whether you're just passably curious about crypto or looking to do some serious investing, and gives advice to ensure that you keep your wallet safe.

To relate it back to the stock market, you don't have to buy a full crypto to get started with investing. Looking at the listed prices for crypto (especially with Bitcoin and Ethereum), you might feel discouraged from even buying a single coin because you don't have thousands of dollars just lying around. Thankfully, you're allowed to buy a fraction of crypto so that you're not breaking the bank trying to get into the market.

How does this work? Let's say, for example, that you want to buy ETH, but it's currently listed at $1,000 per ether. You don't have the funds right now to buy one ether, but you still want to invest so that when the price goes up, you'll see a good return. You can afford to put down $100, so that's what you do. The $100 goes to whoever you paid, and in return, you get .1 ether (since 100 is 10% of 1,000).

Whether you're in this for the financial gain or the technological opportunity, Ethereum is a complex transaction made simple.

You choose how much to spend on ETH, and you choose what to do with it.

# Why Ethereum?

There's more that we need to unpack about Ethereum, but right now I want to make a solid, concise case as to why Ethereum is an opportunity you don't want to pass up.

In March 2016, the price of ether was around $10. At the time of this writing, ETH is up over $3,000. After all the trials and fluctuations that crypto has gone through in recent years, ETH has come out as one of the strongest currencies in the game. That's because investors see what Ethereum's developer and its faithful users have been seeing for years: potential.

Ethereum not only has the potential to change how we look at monetary exchange, but also in the way we look at data exchange, app development, social media, gaming, and everything else that we do online.

Its decentralized stance means no government or bank intervention and that consumers aren't discriminated against by race, nationality, or ethnicity. This means those living in places without proper infrastructure aren't hindered financially and can apply for things like loans and insurance. This also means no companies will sell your data online to marketing agencies and the like, and so all your information online will be truly yours. Complete access to Ethereum means greater creative freedom for programmers and app developers to make unique and personal contributions. There is an advantage, subtle or overt, for anyone who is willing to buy into Ethereum. In those advantages is where the potential lies because it has already found ways to cater to anyone and everyone.

This potential is strengthened due to the fact that Ethereum is now being backed and supported by Microsoft, JP Morgan, other Fortune 500 companies, and financial institutions that also want to see where this ambitious project will go. This kind of backing means more chances for growth and an increased budget to develop Ethereum.

Speaking of development, Ethereum has recently taken on that ambition and is now undergoing its biggest project to date: Ethereum 2.0. One of the main criticisms of Ethereum was its scalability because of its many, many uses and users, a lot of energy has to be created and diverted to even keep it running. The current method to keep Ethereum running consumes a lot of time and energy from its connected networks, which causes congestion and messes with transaction times.

What Ethereum 2.0 aims to do is change its energy consumption model to support more users and faster transactions, make the system much more secure from cyberattacks, and lower computing power, which will help the environment. This has a lot to do with blockchain technology, which we will discuss in the next chapter.

There is a lot to be excited about when it comes to Ethereum, and a lot of potential is still being realized. Getting in now ensures you can point to its later success and say that you were a part of it.

# Chapter 3: Blockchain Technology

There's another word aside from cryptocurrency that's been repeated multiple times now, and it definitely needs explaining if you want to fully understand how Ethereum works. As a refresher, we broadly defined blockchain technology as "an accurate, unified record of all transactions made using cryptocurrency." But blockchain technology is so much more than that.

The blockchain technology is the driving force for Ethereum, the gears that keep the crypto machine running, and a concept that will make you sound really smart at parties. In this chapter, we will formally define blockchain technology, its relationship with crypto, and why it's so important to Ethereum.

## Getting to Know Your Blockchain

The concept of blockchain technology is newer than cryptocurrency, though not by a lot. Cryptocurrency was introduced as a concept in the 1980s; in 1991, blockchain technology was proposed in a paper by Stuart Haber and W. Scott Stornetta as a means of implementing a system where document timestamps couldn't be tampered with. Blockchain had very humble beginnings and wouldn't be utilized in the way we know it now until almost two decades later.

In the simplest of terms, the blockchain is a database, an electronic collection of information available to anyone and everyone, with encryptions and security measures to ensure none of the information gets into anyone else's hands but yours. All of the data are stored in groups known as blocks, and when a block has reached capacity, it's added to the chain of other blocks full of data.

A chain of blocks, or a blockchain, if you will.

But what kind of data does a blockchain collect? Is it anything and everything? Will pictures of your last vacation be bundled together with someone else's digital receipt from the barber shop? No, of course not, as recording any and all data would needlessly fill up and bloat the blockchain. The blockchain's primary purpose is to record peer-to-peer transactions, be that monetary or otherwise. It is, as previously mentioned, a ledger. The blockchain will record and store information about when the transaction took place, who was involved, and what was exchanged. It is the world's busiest accountant, serves everyone all the time, and updates the board so everyone's records are consistent and accurate.

Some companies have started using blockchain technology to store non-monetary transactions. For example, IBM uses blockchains for a Food Trust that tracks food at any given location, sees the journey the food takes, and monitors the quality of the food at each stop. That way, if there's an outbreak of diseases, such as e-coli, or if hazardous materials have been introduced to the food, the company can access the blockchain and can see everywhere the food has traveled and been handled. They can then trace the outbreak to the source and see what other materials the food has come in contact with. This drastically cuts the time it takes to trace an outbreak, thus saving more lives and increasing quality control of the products.

Blockchain technology is ripe for innovation, as it can do so much for so many industries. Hospitals and medical facilities can create universal records of patients that are transmittable no matter where the patient may be, thereby cutting down on redundancies and improving the staff give better care to their patients. Certain public records, like deed ownership and contracts, can be easily accessed, which lessens disputes over property ownership and proprietorship.

But, of course, the technology's most popular use remains its most appealing use. The blockchain's capabilities in the financial sector cannot be understated, especially in the way it handles transactions by ensuring that transactions are efficient, private, and secure. The blockchain has no business hours, as it's always on and working, which means your financial exchanges are processed that very same day be it in a few minutes or a few hours. No need to wait for Monday at 9:00 AM to deposit a paycheck or pay a bill. Although a public account of transactions will be posted in the blockchain so accurate records are kept, no one can dig around and get all the information they want about the people involved in the transaction. Your records remain private and confidential, and you decide who to give access to your information.

There are other advantages that the blockchain has over the current model of finance handling. Its ability to cater to anyone regardless of where they are or who they are in the world makes it a universal option for wealth storage that cannot be stolen or hindered by a government or people around them. Crypto usage cannot be dictated by anyone and can be used at any time. That means your transactions can't be put on hold if you use your crypto in an unfamiliar place and your account can't be frozen if a suspicious transaction takes place. The large network of computers running the blockchain means cryptocurrency's value can't be changed on the whim of a government or a bank.

Aside from unprecedented financial freedom, the main reason for the blockchain's appeal comes from the nature of its decentralization. Being decentralized gives blockchain two great advantages: it's hard for information to be tampered with, and it provides a truly independent space for people to work from and with. The blockchain is not governed by any entity or group, does not operate from a single location, changes must be approved through a general consensus, and it is not influenced by the policies and deep pockets of corporations and governments. Because all of this information is stored through a vast network of computers, that means that, even if someone were to hack into the blockchain, they would only be able to tamper with one copy of the information rather than the entire database.

## *Proof of Work vs. Proof of Stake*

*How* does the blockchain work? *How* are transactions processed? *How* does data even get added to the blocks? It's not enough to know that a bunch of computers are working to keep the information safe and secure. It's also good to know what that process entails. Right now, we're going to peel back another layer in this study of crypto by looking at how information is verified and validated in the blockchain.

Perhaps the biggest advantage that a centralized system has is that information and transactions are all verified through a sole, simple entity. This is not how the blockchain works; instead, all transactions are confirmed through consensus mechanisms, meaning that all computers in the system need to approve of the transaction so that it can be added to a block. The two consensus mechanisms used by the blockchain are "proof of work" and "proof of stake."

Proof of work means that, when a transaction is first posted, the network of computers must work to verify it and add it to the block. This is done by a cryptographic algorithm being sent to participating computers (also known as miners) that they must solve. The first person to solve the equation correctly then posts the answer for the other computers to see, and then the transaction is verified and added to the block. This is done for each individual transaction, and whoever solves the equation first is rewarded with a set amount of crypto for their efforts. The reason that this helps to prevent fraudulent reports along the blockchain is because there's no guarantee that a hacker will not only post an answer to the equation first but also that they'll get 51% of the network computers to agree with them. Plus, the fact that they have to compute the solution to a complex algorithm every time they want to let their fraudulent report make it into a block should be a huge deterrent to them even trying. Imagine if you had to wait 10 minutes and solve a math equation every time you wanted to send out a scam email to someone? You'd probably think it wouldn't be worth the time and effort.

The second consensus mechanism is known as proof of stake. Whereas with the proof of work transactions had to be proven true through the work of proving an algorithm, proof in this case comes from putting up a set amount of crypto to be placed in a communal safe so that you have the chance to be chosen as a validator. What this means is that you're using your cryptocurrency as a 'stake' to participate in the validation process of new transactions. The more crypto you put up, the better your odds of being chosen; if you're chosen to validate transactions, you're once again rewarded in cryptocurrency for your efforts. It's a lot like participating in a raffle: the more money you put down on tickets, the better your odds of being picked. Except instead of getting a new car, your prize is to be someone else's banker. This once again deters fraudulent reports because being a validator is left up to random chance. But what if they put down a lot of crypto to raise their chances? Well, if they're caught trying to file fraudulent reports, they'll end up losing their entire stake.

In recent times, a greater case has been made for proof of stake over proof of work. Because proof of work is a computation race to reach the right answer to an equation before anyone else, this means that you need to use a large amount of computing energy, which severely consumes electricity. This also means that those with faster, stronger hardware running in the blockchain have a greater advantage over everyone else.

By leaving the process of choosing validators in the hands of random chance, you can't so easily buy your way into an advantage. Of course, if you put down a lot of your own crypto as a stake, that benefits everyone because buying all that crypto will end up increasing its value. Neither system is inherently perfect, but both ensure that the blockchain remains decentralized and keeps everyone as honest and accurate as possible.

## Blockchain and Ethereum

Ethereum owes a lot to the functionality and opportunity of blockchain technology. It's currently using the proof of work consensus method to validate transactions, and, in fact, they've altered the code, and this has enabled them to cut transaction times down to 16 seconds. But due to the aforementioned computing power it takes to use proof of work, they're looking for ways to migrate into a proof of stake system. This will help them in the long run as Ethereum grows in popularity and more people are using it. The last thing they want is the system slowing to a grind because too many computers are taking up power trying to validate transactions.

However, blockchain technology also owes a lot to Ethereum for testing its limits and realizing its full potential. The blockchain for Ethereum is permissionless and, of course, decentralized. It offers maximum freedom and creative control for programmers and developers to do whatever it is they want to do and create whatever they want to create.

All of this is without the oversight of anyone else. These creations are available to anyone using Ethereum and are known as decentralized applications (dApps), and aside from creating other cryptocurrency and handling finances, these dApps also deal with web browsing, advertising, supply chain management, and gaming among other things.

One such dApp that grew in popularity among Ethereum users was a game called *CryptoKitties*. It was launched in 2017 with the primary purpose of the game being to breed and decorate these cartoon cats, with some breeds being rarer than others. You paid a set amount of ETH to play *CryptoKitties* and could then turn around and sell your kittens for more ETH with all transactions and newly released breeds being recorded on the blockchain. The reason this game grew in popularity was because it was an easy way for people to dip their toes into the Ethereum blockchain and get a glimpse of what was possible through it, and it reminded people of collecting Pokemon cards and Beanie Babies and the like. When the game was first released, it made up 15% of Ethereum's network traffic. *CryptoKitties* was one of the first large developments in Ethereum's blockchain that was meant for recreation, something that users could play that was just fun and they could also make money breeding cartoon cats.

Another dApp, or rather a collection dApps, causing waves recently is DeFi, which is short for decentralized finance. This isn't technically an Ethereum-exclusive feature of its blockchain, but most DeFi dApps are built on Ethereum because of its greater blockchain accessibility and the tools it provides. DeFi centers entirely around this vision of an economy that's not reliant on any sole bank or government; it allows the blockchain the ability to process more complex financial transactions without the need of a third party. The services that DeFi offer include the previously mentioned DEX, the purchasing of stablecoins, which are cryptocurrencies linked directly to the price of a certain traditional currency or metal like gold, streaming money in order to pay salary or rent, using smart contracts to handle loans, and running prediction markets where users bet on the outcome of certain events.

Large, private corporations and companies like Microsoft, Mastercard, Samsung, and JP Morgan are using private versions of Ethereum to experiment and design ways to use the blockchain to make their companies more efficient. Remember, even though the blockchain is decentralized, it is still available and accessible for large companies.

One of the most recent developments that has come from the blockchain is something called a non-fungible token (NFT). These are digital assets you can buy that are scarce, unique, and have the potential to become luxury items. They're a lot like owning a rare sports card, or a car, or a picture of a digital cat. Yes, NFTs gained their initial hype due to *CryptoKitties* and the auctions for rare cat breeds that users could add to their collection. NFTs give you a level of ownership over a digital work like an image, musical track, or video that makes it so you can post the image online and you can say that you own the original, digital copy of whatever it is you bought. The biggest criticism about NFTs is that, if what you paid for is digital and already on the Internet, people can easily just download and save that digital asset as well without paying tons of crypto for it. But much like how anyone can buy a copy of a famous painting, only one person holds the original—and that's you. NFTs have seen a rise in popularity as major companies like the NBA and Ubisoft are getting into the trend by offering digital assets to the market that people can buy. For example, a remastered video of the Nyan Cat meme made by its original creator was sold recently for $600,000.

The popularity of NFTs all but proves that anything can happen through the Ethereum blockchain, and the only true limit is the imagination of its users. Culture is being cultivated inside the blockchain, legitimate financial success can come to those who are smart enough with their investments, a unified and nondiscriminatory user base can connect the entire world, and the dApps that are being created every day can end up benefiting society as a whole.

# Chapter 4: Smart Contracts

There is one major aspect of Ethereum that we haven't talked about yet, and it's a fairly important one. Another building block of Ethereum, one that really gets the gears turning in the machine, is what's known as a smart contract. But what is it exactly?

A smart contract is another concept proposed decades ago that wasn't properly being used until now. In 1994, computer scientist Nick Szabo proposed the idea of smart contracts as a way for a computer to authorize transactions through lines of code that form a protocol it enacts. It's inspired by the point of sale (POS) system and other electronic transactional systems in that a command is input, the function goes through unhindered, and the exchange is complete.

Much in the spirit of everything cryptocurrency stands for, smart contracts offer a decentralized way to record transactions that cut out any sort of middleman. Two parties enter an agreement, and the smart contract runs the code that will place that transaction into the blockchain. Think of this entire process like a vending machine. The blockchain is the actual vending machine that holds everything you might need like financial records and a bag of Doritos, and the products act as the other party you're doing business with, and your crypto (in this case, ETH) acts as your payment. The smart contract is the code that runs in order to tell the machine that a transaction has been made, must be recorded, and a product must be given.

Smart contracts automatically execute the code embedded with the terms of agreement, and that's what helps cut down transaction times in the blockchain. Another analogy would be to think of smart contracts as the traffic lights at an intersection. Without them, cars would have to communicate with everyone else at the intersection to know who goes when. It works, but it's incredibly slow-paced. Instead, whatever command is sent to the lights dictates the flow of traffic so that it all, in theory, flows smoothly. Imagine if every exchange of crypto had to be manually approved. This would slow traffic down immensely in the blockchain which will affect how every other dApp runs.

Smart contracts also dictate under what conditions that money can change hands, conditions such as when, how much, and to whom. Again, a bank or other kind of intermediary will usually dictate these conditions and the money will have to move through them first. But this is not the case thanks to smart contracts. It also means you're not going to need to go through a third-party app like PayPal or Venmo to exchange your money because you can directly exchange it with whoever you want to. Sound familiar? Yes, decentralized exchanges are possible because of smart contracts. They help you buy and sell crypto directly, and the conditions of the transaction are coded in, approved, and executed by the contract, which is then sent and recorded into the blockchain.

How specific can these conditions be in a smart contract? Programmer Alyssa Hertig provides a vivid example: "For example, say a user wants his or her money to be sent to a friend next Tuesday, but only if the temperature climbs above 90 degrees Fahrenheit according to weather.com. Such rules can be written in a smart contract".

Users in the blockchain keep a copy of each smart contract so that records are accurate, and they can ensure that the users in the transaction are following the rules. There is such a harmonious system in place between smart contracts and the blockchain that's constantly being tweaked and updated, and people are beginning to use smart contracts in ways outside of money exchanges to automate certain parts of their dApps. After all, if smart contracts can run the vending machines of cryptocurrency, what other vending machines can it run?

Ethereum has a deep relationship with smart contracts in that the development of said contracts was one of the first specific uses of it. It once again shows how Ethereum took the existing tools given for cryptocurrency and tested just how much could be done with them. Ethereum took the seemingly restrictive programming language that Bitcoin used for smart contracts and replaced it with one that allows for broader computations, hence the ability for developers to now use smart contracts outside of crypto exchanges. Because of this change in language, smart contracts through Ethereum can store immutable information from dApps like registrations and membership records, allow more than two parties to agree to an allocation of funds, assist other smart contracts in jobs similar to their coding, and manage records and agreements between users that can be pulled up when need be.

Much like all things Ethereum, smart contracts are showing great signs of potential. In fact, the simplified and constantly improving language of these contracts are what's currently helping DeFi to become a greater force of change. Time will tell just how its uses can evolve and the language the contracts use improves, but right now it's a welcome piece to the Ethereum puzzle.

# Chapter 5: Optimistic Yet Cautious

It would be disingenuous to tout the potential of Ethereum without addressing its criticisms. There is no such thing as a perfect solution, and though Ethereum boasts many benefits, it is not perfect either. We've spent the last four chapters discussing the advantages and features of this groundbreaking technology, and in this chapter, we will be addressing the issues brought up about Ethereum. Be optimistic about where Ethereum is going, but also be cautious. This chapter will help you make a truly informed decision in regard to investing in this or any other kind of cryptocurrency.

1) **Effect on the Environment:** Let's start with the most glaring criticism. Much like with traditional currency, crypto has to be created and processed. You can't just say that you have a set amount of crypto and expect people to believe you. The way that more cryptocurrency gets introduced into the market is by mining for it, not with pickaxes and dynamite, but with computers and math problems. Do you remember when we talked about proof of work? The computers that are involved in that, the ones ensuring transactions are added to the blockchain, are the same ones mining this newly processed crypto because the data they're adding are formed into these new blocks and each block contains a set amount of crypto that they can now have. It's basically their salary for keeping the books straight.

   However, as previously mentioned, this requires a lot of computing power to make happen, which, in turn, consumes a lot of electricity and energy. Blockchains like the one powering Ethereum have been using this pricey hardware to stay running, but since the energy being used isn't renewable, it puts a damper on the amount of energy that can be used for real-life applications. Plus, there have been reports in China about coal-fired electricity being used to power Bitcoin mining ventures, which release harmful emissions and are a source of air pollution.

The good news is that crypto users and creators are aware of this, and they have since started switching to renewable energy sources to power their mining efforts, such as solar and wind power. Ethereum is especially wary of the effect it can have on the environment, which is why it's currently finding a way to switch to a proof of stake method to mining that will severely lower the power needed to mine ether and handle transactions.

2) **Scalability:** Another big criticism of crypto, and especially Ethereum, is its scalability. What this means is that there's doubt regarding Ethereum's potential to support an increasing number of users as it gets more popular. If Ethereum isn't scalable, that means it can collapse or go under in the event that their user base grows, and more people start using it. Its handling of network traffic is already scrutinized (see: the *CryptoKitties* fiasco), and so is its market cap. Despite being one of the most popular crypto options, there's significantly less of its currency on the market than its biggest competition, Bitcoin. While large, centralized companies have the luxury of easily handling data and placing it in storage, Ethereum is run solely by network volunteers who are storing this data into the blockchain

themselves. When more data is introduced into Ethereum, that's going to put a strain on not only the network but also the volunteers trying to validate and store the data into the blockchain.

Currently, there is no fix-all solution to the scaling dilemma, but at the very least developers and Buterin are aware of this issue and have been experimenting with new technologies and methods that can help quicken transaction times and lessen the amount of work that users have to do in order to keep Ethereum running.

3) **Fluctuating Prices:** Cryptocurrency has been branded as a 'volatile' investment. That means that its price can rise and fall drastically within a short period of time. Maybe a month, maybe a week, maybe even a day. Because crypto is still very much in its experimental phases, there's no telling when its market will stabilize. All cryptos had humble beginnings when the prices were in the double and even single digits. But then you look at something like the crypto bubble in 2017, when the prices of cryptocurrency saw an unprecedented rise before plummeting in the same year. For example, Bitcoin saw a peak that year of almost $20,000 per coin, and then the price went down to $3,000 in the same year. Ethereum in 2017 saw a high just above $1,000 before going back down to double digits.

Cryptocurrency is once again seeing a rise in popularity and thus a rise in prices due to the pandemic and curiosity from the general public. Time will tell if this is a steady rise or another bubble.

Another reason for the fluctuating prices is the justification to hold rather than sell or use the crypto that you already have. Cryptocurrency and its volatility mean that there's a chance you can suffer a huge loss, but there's also a chance that you can gain more money than you ever dreamed of. Its infancy means that people need to use the crypto and keep it in circulation so that it can be seen as a viable currency that people will want to use. But why use it as a currency if the price is just going to increase? Why not just hold on to your crypto and wait to cash out? This is the dilemma that's plaguing cryptocurrency across the board.

This is something that doesn't have a clean solution to it, as it's not as if cryptocurrency planned to have fluctuating prices that would mean the difference between early retirement and extra pocket change. The basic hope for any crypto, especially Ethereum, is that its value will gradually rise because the trajectory of its popularity is manageable. It's hard to predict things like a pandemic, Internet mob mentality, or a major celebrity endorsement that will alter your price before you're ready for it to do that.

4) **Centralization through Buterin:** Vitalik Buterin is the mastermind behind Ethereum, and there is no disputing that. He's the reason that the technology is being implemented the way it is today, and it's his vision that's being carried out into the future. There's also no disputing that Ethereum and all things crypto aim to forever be decentralized. To have this operation run through a corporate entity or sole figure would go against its entire spirit and would also put a lot of people's data at

risk as if it isn't already. These two facts about Ethereum are immutable and unyielding, or at least they should be.

However, there is this fear that Buterin's influence over Ethereum is bringing it closer to becoming centralized, with Buterin being the sole entity that everything in the blockchain runs through. Critics of Ethereum argue that too much direction from Buterin over where Ethereum is going and how it operates, even if the changes he's calling for will seemingly make the product better. It could be that this critique is being blown out of proportion; however, if users start feeling more and more influenced and affected by Buterin's decisions regarding Ethereum, then action should be taken. Perhaps a sort of "checks and balances" system can be put in place between the users and the creator of Ethereum.

5) **Everything Already Works:** There's a phrase that people use to dissuade others from improving on something that works just fine: "Don't reinvent the wheel." Why waste time working on something when someone came around before you and successfully put everything together? Why should we try and uproot the economic system if what we have is so convenient? What is there to worry about when it comes to data and encryption? Everything already works...or rather, everything *looks* like it works. What we forget is how susceptible our current forms of currency are to inflation and how much value the dollar has lost in the past few decades. We take for granted how easy it is to get loans, contracts, and money exchanges when other people don't have the same benefits due to poor infrastructures in their country or discrimination based on their nationality,

ethnicity, and so on. We don't see how Internet service providers sell our data to other companies for marketing purposes among other less-innocent reasons. We don't know just how vulnerable we are and how much of our information is just out in the open.

What Ethereum is trying to do is create a level playing field for everyone because those who are buying into the vision of it see that the systems in place are hanging by a thread. They want something unified, decentralized, and streamlined.

Remember that, at the end of the day, it's you who's making the decision on whether or not to invest in Ethereum. Regardless, if you're looking at this from the perspective of a buyer or programmer, there are considerations you need to make on how much this will affect your time, energy, and especially your money. This chapter is not meant to fully deter you from Ethereum. It is simply meant for you to get all of the facts so that you can make a non-biased and informed decision.

Remember, be optimistic in the direction that Ethereum is going and how much you stand to gain from buying in now. But be cautious in how much you're actually willing to invest. Much like with buying shares in a risky stock, it's wiser to think of how much you can stand to lose rather than how much you stand to gain. If you're looking at Ethereum simply for monetary gain, perhaps try consulting a professional financial advisor to see how you can smartly invest in it.

# Chapter 6: The Future of Ethereum

There is still no doubt that cryptocurrency is an important notch in technological history, and it is a bold leap forward for a financial system that's rigid and not giving up its seat any time soon. A decade ago, cryptocurrency was just some fancy, clunky, alternate way to pay for a pizza, and now it has the capacity to run entire economies. With its rising popularity, more and more options for buying crypto are popping up as companies are cashing in on this new phenomenon. This means that buying crypto has become as easy as pressing a couple of buttons, advertisements for cryptocurrency are more prevalent now, and though it's starting to become the punchline of some topical jokes, it's also giving smart, patient people an unprecedented amount of wealth.

And Ethereum has seen that rise and is doing all it can to bring the future closer. Even now—*especially now*—it remains ambitious in its vision in becoming the new standard of digital interaction of all kinds. What has already been accomplished through Ethereum is astounding, but its potential has not yet been realized. In this final chapter, we will look at what the future of crypto and Ethereum might look like, and what might lie ahead for those reading this book.

## Forward Direction

It hasn't even been a decade since Ethereum was first introduced, but the impact it's made on blockchain technology and the crypto market will elevate both concepts going forward. Even today, Ethereum is still one of the only cryptocurrencies on the market that is putting more emphasis on developing blockchain technology than being a form of payment. Although in recent times, smaller and lesser-known cryptocurrencies known as "Ethereum killers" have been sprouting like weeds. But even though they're promising faster and more sophisticated smart contracts that will put Ethereum to shame, not much can be shown of their work just yet. So, with that in mind, Ethereum remains the larger story. It's pushing everything about crypto forward, and ETH is still seen more as a type of fuel for the machine rather than a coin you can buy. And for all intents and purposes, despite Ethereum's growing popularity, that mindset will most likely stay that way.

But they're still making changes to address Ethereum's growing popularity. The potential move to a proof of stake consensus means that computing time and power will drastically go down and give more room for users to interact and verify transactions in the blockchain. Smart contracts are undergoing constant changes and improvements in the language to ensure that hackers and Ponzi schemes don't make it into the data, and so more and more features of the blockchain can become automated and help the flow of network traffic. The unique and yet-untested addition of NFTs also puts Ethereum on a different level than its competition as it tries to cash in on the luxury digital art market, even if that doesn't truly exist yet. And greater user activity means more ETH on the market, which will help developers and investors alike as they have more opportunities to be a part of an experience unique to Ethereum.

DeFi apps continue to make great strides and will be something to look out for in how they can change the nature of finance and banking in the case that they go mainstream. Uniswap and DeFi Swap are popular dApps that allows Ethereum users to exchange and liquify tokens earned through the network, turning these earnings into ETH much like exchanging tickets at an arcade for prizes (except the only prize is money).

Other developers have begun to put out dApps simply for leisure and entertainment purposes, rounding out the culture for Ethereum. It's no longer just *CryptoKitties*. *Axie Infinity* is a dApp that boasts "Pokemon-like gameplay" where users play games with characters called Axies to earn money in their player-owned economy. *OpenSea* is a large peer-to-peer marketplace where users can buy and sell crypto collectibles such as digital art and virtual goods. *Sorare* is a fantasy football type of dApp where users can exchange and collect officially licensed cards, manage their teams, and compete in weekly competitions to earn prizes. *Actifit* is a fitness dApp that allows you to record your daily activity, which can help you earn Actifit tokens that you can exchange for ETH. Another ambitious game that exists on Ethereum is called *My Crypto Heroes*, a multiplayer role-playing game that allows you to train, level up your "historical heroes" through quests, and engage in battle with other players online.

Of course, there's also the ambitious undertaking of Ethereum 2.0 that can't be forgotten. Also known as 'Eth2' on the official website, this is Ethereum's loud, bold response to the changing tides of crypto and the critiques of its detractors. It is not a full system overhaul akin to a new smartphone or video game console, but rather it is a set of important updates periodically rolling out into Ethereum that promises to make it more scalable, secure, and sustainable. This is the move to proof of stake, the addition of new technologies that will attempt to break up operations in the blockchain to combat rising network traffic, and the overall detail work that will make things more user-friendly and accessible.

Ethereum 2.0 is yet another unprecedented development in what blockchain technology can be capable of, and it shows that there's so much that can still be done and so much left undiscovered. Will there be an Ethereum 3.0? 4.0? No one knows (except maybe Buterin), but it's all intriguing, nonetheless. And though not enough time has yet passed to see the results of these experiments, it's still exciting to know just how much forward motion is being seen with Ethereum.

This is why people see such great potential in Ethereum and why more and more companies and noteworthy people are buying into the vision and using the resources that Ethereum has to offer. A panel of experts in the finance sector recently predicted that, in the next five years or so, the price of Ethereum could soar up to $20,000. If you remember, this was Bitcoin's peak during the 2017 crypto bubble, which goes to show how much trust is being put into the little crypto that could.

## Should I Invest Now?

You know the history, functions, benefits, and critiques of Ethereum, as all the facts have been laid out for you. But still, you might be wondering: Is right now the best time to invest in Ethereum? There are indeed many factors to consider and, as mentioned in the last chapter, it is your money that you're putting into this. No one likes placing their trust into something that doesn't pan out. However, there isn't a lot about Ethereum that says it's going to fail any time soon.

The infrastructure is built in a way that as long as people continue to use it, it will continue to thrive. The blockchain works when everyone works together by settling transactions, doing their finances, playing games, creating dApps, pouring time and effort. In return, users are given ETH to fuel the machine or cash out. It's not a perfect system but it works, no matter what you do with your ether, it will either strengthen the blockchain or strengthen the price of ether.

Cryptocurrencies as a whole are more legitimate than they were even just five years ago, and they are gradually coming into the mainstream. PayPal announced recently that they would allow the use of cryptocurrencies on their platform, meaning that not only can people invest in crypto through PayPal, but they can also use them as payment. The country of India has been considering introducing their own cryptocurrency for a couple of years now, which is going to help legitimize it even more and bring in more investors.

All signs are pointing to a surge in popularity for crypto, especially for Ethereum, which is seeing a growth in its user base stemming from its approach to online privacy and interactivity, the bevy of companies already using the technology to improve their own digital infrastructures, and with the new updates that are anticipating an influx of users into the blockchain. It's why ETH's prices have soared by the thousands and why it's locked in as one of the strongest, most secure cryptocurrencies to date. And yes, it has its detractors and criticisms, and it's part of a growing market that has not yet stabilized, but with the work being put in, Ethereum is steering right into a promising future.

So, is right now the best time for you to be investing in Ethereum?

At the time of this writing, though prices have been fluctuating across the board, Ethereum is steadying around the $3,000 range. Of course, that is likely to change whenever you're reading this. It could be $4,000 by now or it could have gone back down to triple digits. That's the risk you take when you invest in something so radical and yet to be stabilized. But then you look at the growing popularity of ether, look at how some investors seem to be holding on to their shares in the face of a new wave of investors, and there seems to be this "calm before the storm" feeling. So even though it's a risk no matter what, it's a risk that has the potential to pay off in a big way. Remember, if you truly are just in it for the money, you don't have to invest in an entire ether to see a profit. You can buy a fraction of ether just to have it in your portfolio. Know how much you can lose in this kind of investment, and you can be as passive or active as you want in it.

As an aside, if you're an artist (digital or otherwise), it might be a good idea for you to take Ethereum seriously since NFTs are becoming increasingly popular. People are willing to pay exorbitant amounts for semi-ownership of digital art, meaning they can own the art in their inventory or wherever they put it, but the artist still retains the copyright.

If you're seeing Ethereum from a developer standpoint, then getting involved is likely a worthwhile venture. Right now, with the rolling out of Ethereum 2.0, now is the best time for you as a developer to start investing into this. Not only are you being given a bevy of tools for you to use without supervision or influence, but with the changes being introduced it's going to be an easier time for you to settle into the blockchain than earlier adopters. Solidity, the coding language specifically made for Ethereum, allows you to build off work already on the blockchain so that you don't need to start from scratch if you don't want to. All developers build off each other, it's all open-source, and you gain so much knowledge from being able to see what's already been made on the blockchain and how. Plus, your activity in Ethereum gives you a greater possibility of earning ether that keeps you active on the blockchain or can be placed back into your wallet, digital and otherwise. You can charge people to use the dApps you create or incentivize them by making a token economy system through your dApp, function as one of the miners who are recording and approving transactions into the blockchain, or create a whole new cryptocurrency of your own. Regardless of what your goal is in using Ethereum's blockchain, you are getting a return on your investment through ETH and/or the opportunity to create something unique and unencumbered on a futuristic network.

If you're seeing Ethereum from the lens of an investor or a developer (or maybe even of an artist), there is something that you stand to gain. If you're seeing Ethereum as the currency of the future or the digital revolution, there is something that you stand to gain. It may not seem like it right now, and maybe it won't feel like it for a long while, but patience is usually rewarded and with Ethereum that is likely the case. Remember, of course, that this isn't investment advice, and you should always do your own research. Nothing is without risk (especially in the crypto space), but compared to many other cryptocurrencies available, Ethereum seems far more promising.

# Conclusion

We truly are standing on the edge of something historical, a new development in technology, finance, and communication. It's a concept so new that, though it uses concepts dating back to the 1980s and 1990s, all information about Ethereum is still being updated and recorded. All my sources have come almost entirely from this decade, and chances are that, whenever you're reading this, there will be more information to peruse that hasn't been discovered as of yet.

Ethereum really is something extraordinary and groundbreaking. It takes the groundwork of Bitcoin and creates something new and expands on the blockchain, taking it from just another tool to record transactions and mine crypto to an inevitable powerhouse of information storage and program development. It endorses the possibilities in the minds of creators and gives them a space to explore their thoughts without someone looking over their shoulder to dictate what they're doing. It makes banking a secure, peer-to-peer thing where money is not associated with the workings of a volatile government or bank. It calls for a change in how we run economies and how we view currency and transactions. It brings power and security back to the people, and ensures what we own is truly ours.

I wonder what kind of world we would be living in constructed by the vision of Ethereum? What would a decentralized society look like? Would it be somewhat utopian? A subdued anarchy? Or would it function as it already does without this feeling of someone over your shoulder all the time? These are all idealistic views, but they do show that there is a possibility of Ethereum reaching a great level of influence, greater than it already has now.

If I may add one more thing before we wrap up this take on Ethereum, I would just like to say that though it is wise to be cautious over a new and still developing product, you shouldn't fear any supposed failure from it. And that's not to say that there's no way Ethereum could possibly fail, but in the event that it does not live up to the potential placed upon it, there is still so much to learn and benefit from the experience. Fear over what might happen is the number one threat to progress, and taking a calculated risk will leave you with wisdom at the least and great prosperity at best.

The way that the economy works, how data is handled, and how needlessly divided we are despite a golden age of information is disappointing. Ethereum is taking that step to bring society into a future that changes the systems in place, and, even if it fails, it still wins. Much like the blockchain allows users to build on and improve other people's works, someone else will come along and improve on Ethereum's groundwork to make something that *will* succeed. The blockchain will be tweaked and reinforced to speed up transactions and mining processes to lower energy usage. A system will be put in place to handle larger and larger blocks of data in the event of a surge in user base or network traffic. A harmonious relationship between coin and "gas" will ensure that the price for running the blockchain and the price for investing won't be so volatile.

Maybe someone will come in and make that all happen in the future. Or maybe Ethereum will be the one to do it, and there won't be a need for a predecessor for years to come. It has the potential and the people for it, all it needs is time.

Of course, this is all purely speculation, and anything can happen. But even if it goes wrong, something good will almost certainly come out of the ashes.

Finally, thank you for taking the time to read this book in its entirety. I hope you have enjoyed reading it and now feel more educated on both Ethereum and cryptocurrencies as a whole.

www.ingramcontent.com/pod-product-compliance
Lightning Source LLC
LaVergne TN
LVHW021739060526
838200LV00052B/3355